Party-
vergnügen

Autorin: Angelika Ilies
Rezeptfotos: Fotos mitgeschmack

Inhalt

Fingerfood gefällig?

Häppchen, Snacks und kalte Platten

»Bitte zugreifen« heißt es in diesem Kapitel. Die folgenden Seiten bieten Ihnen bunte Häppchen und Canapés, die Sie Ihren Gästen zusammen mit einem Glas Sekt zur Begrüßung offerieren können. Sie finden Rezepte für herzhafte Mini-Snacks, die sich bestens auf Tabletts oder Platten arrangieren und auf einer Stehparty herumreichen lassen. Und wenn Sie all die kleinen Köstlichkeiten verlockend auf einem kalten Büffet präsentieren, wandern sie garantiert immer wieder von der Hand in den Mund.

Räucherlachs-Nester

Für 16 Stück
250 g Bauernbrot in dünnen Scheiben
4 EL Butter
2 Eier
Salz, schwarzer Pfeffer
16 dünne Scheiben Salatgurke
180 g Räucherlachs in dünnen Scheiben
1/2 Kästchen Kresse

1. Aus dem Brot 16 Kreise mit 4 cm Ø ausstechen. 2 EL Butter in einer Pfanne zerlassen, die Brottaler darin rösten. Die restliche Butter in der Pfanne zerlassen. Eier verquirlen, Rührei daraus zubereiten. Salzen und pfeffern.

2. Gurkenscheiben auf die Brottaler legen. Lachs in 16 Streifen teilen, locker aufrollen und auf die Gurken legen. Jeweils etwas Ei hineingeben, mit etwas Kresse garnieren.

Das lässt sich vorbereiten
Einige Std. im Voraus Brot rösten, Rührei backen und Lachs in Streifen schneiden.

Bunte Gemüse-Crostini

Für 8 Portionen
je 1/2 Bund Basilikum, Petersilie und Schnittlauch
150 g Mascarpone, Salz, weißer Pfeffer
1 kleine gelbe Paprikaschote, 2 feste Tomaten
1 große Knoblauchzehe
1 Ciabatta-Brot (300 g)
50 ml kaltgepresstes Olivenöl

1. Die Kräuter waschen, abtrocknen und hacken, mit Mascarpone, Salz und Pfeffer verrühren. Die Paprikaschote halbieren, von Stielansatz, Kernen und Trennhäuten befreien, waschen und in ganz feine Würfel schneiden. Die Tomaten von Kernen und Stielansätzen befreien und ebenfalls klein würfeln. Den Knoblauch schälen.

2. Das Brot in dünne Scheiben schneiden und toasten. Die Scheiben diagonal halbieren, mit der Knoblauchzehe einreiben und mit Olivenöl beträufeln. Die vorbereiteten Zutaten dekorativ darauf verteilen.

Das lässt sich vorbereiten
Am Vormittag Kräutercreme anrühren und Gemüse klein würfeln. Zugedeckt kalt stellen.

🕐 Zubereitung: 20 Min. | Pro Stück ca.: 100 kcal

🕐 Zubereitung: 20 Min. | Pro Portion ca.: 130 kcal

Muffins alla caprese

Für 1 Muffinform (12 Stück)
85 g getrocknete, in Öl eingelegte Tomaten
ca. 75 ml Olivenöl, 3 Eier
200 g Naturjoghurt
125 g Mozzarella
1 Päckchen TK-Basilikum
300 g Mehl
1 EL Backpulver
Salz, schwarzer Pfeffer
Außerdem:
Öl für die Form

1. Backofen auf 200° vorheizen. Die Form gründlich fetten. Die Tomaten abtropfen lassen, das Öl auffangen und mit Olivenöl auf 1/8 l auffüllen. Öl mit Eiern und Joghurt verrühren. Tomaten und Mozzarella klein würfeln, mit dem Basilikum unterrühren.

2. Mehl, Backpulver, Salz und Pfeffer mischen und unter den Teig rühren. Gut 1 EL Teig in jede Mulde der Form geben. Die Muffins im Backofen (Mitte, Umluft 180°) 25 Min. backen.

Das lässt sich vorbereiten
Die Muffins im Voraus backen, einfrieren und nach dem Auftauen kurz aufbacken.

🕐 Zubereitung: 45 Min.   Pro Stück ca.: 195 kcal

Kirschtomaten mit Mozzarellacreme

Für 8 Portionen
125 g Mozzarella, 1 Bund Basilikum
50 g Ricotta oder Doppelrahm-Frischkäse
3 EL weißer Aceto balsamico
3 EL aromatisches Olivenöl, Salz, schwarzer Pfeffer
25 nicht zu kleine Kirschtomaten (ca. 500 g;
oder ganz kleine Eiertomaten)
3 EL Pinienkerne

1. Mozzarella raspeln. Basilikum waschen, trockenschütteln und fein hacken. Beides mit Ricotta, Essig und Öl verrühren, mit Salz und Pfeffer abschmecken. In einen Spritzbeutel mit großer Lochtülle geben.

2. Die Tomaten waschen und abtrocknen. An der dem Stielansatz gegenüber liegenden runden Seite eine Scheibe abschneiden, die Tomaten ein wenig aushöhlen.

3. Die Creme in die Tomaten spritzen. Die Pinienkerne in einer trockenen Pfanne goldbraun rösten. Zum Garnieren der Tomaten verwenden.

Das lässt sich vorbereiten
Am Vortag Creme anrühren und Tomaten aushöhlen. Beides getrennt im Kühlschrank aufbewahren.

🕐 Zubereitung: 30 Min.   Pro Portion ca.: 120 kcal

Für 8 Portionen
16 Hähnchenflügel (ca. 1,2 kg)
3 Knoblauchzehen
40 g Ingwer
200 g Joghurt
1 EL Zitronensaft
2 EL Tandoori-Gewürzpaste oder -pulver
Salz
einige Zweige Koriandergrün
1 EL gemahlener Kreuzkümmel
Backpapier für das Blech

Das lässt sich vorbereiten
Wings am Vortag marinieren. Oder gegart aufbewahren und 10 Min. erwärmen.

Chicken Wings »Tandoori«

1. Die Hähnchenflügel waschen, abtrocknen und mit einer Geflügelschere oder einem scharfen Messer an den Gelenken teilen.

2. Den Knoblauch und den Ingwer schälen und sehr fein hacken. Beides in einer Schüssel mit Joghurt, Zitronensaft und dem Tandoori-Gewürz verrühren. Die Hähnchenflügel darin wenden und zugedeckt 1 Tag im Kühlschrank marinieren.

3. Den Backofen auf 225° vorheizen. Das Backblech mit Backpapier auslegen und auf der zweiten Schiene von unten in den Ofen schieben. Die Hähnchenteile aus der Marinade nehmen, mit Küchenpapier abtrocknen und auf den Rost legen. Im Backofen (Mitte, Umluft 200°) über dem Blech 10 Min. braten. Wenden und salzen, weitere 10 Min. braten. Den Grill dazuschalten, die Stücke noch 10 Min. bräunen, zwischendurch einmal wenden. Inzwischen den Koriander waschen, abtrocknen und die Blättchen grob hacken.

4. Die Wings auf einer Platte anrichten, mit Kreuzkümmel und Koriandergrün bestreuen.

🕐 Zubereitungszeit: 1 Std.

🕐 Marinierzeit: 1 Tag

Pro Portion ca.: 195 kcal

Für 30 Stück
900 g vorwiegend fest kochende Kartoffeln
1 rote Paprikaschote
3 Knoblauchzehen
1 Zwiebel
4 EL Olivenöl
je 4 Zweige Thymian und Rosmarin
10 Eier
1/8 l Milch
Salz, schwarzer Pfeffer
200 grüne, mit Paprika gefüllte Oliven
Außerdem:
ca. 30 Holz- oder Kunststoffspießchen

Das lässt sich vorbereiten
Die Tortillawürfel zubereiten und zugedeckt im Kühlschrank aufbewahren.

Tortilla-Häppchen

1. Die Kartoffeln schälen, waschen und in 3–4 mm dicke Scheiben schneiden. Die Paprikaschote waschen und halbieren, putzen und klein würfeln. Den Knoblauch schälen und hacken, die Zwiebel schälen und klein würfeln.

2. Das Olivenöl in einer beschichteten Pfanne (26 cm Ø; eventuell mit zwei Pfannen arbeiten) erhitzen, Knoblauch und Zwiebel leicht anbraten. Paprika mit anbraten, dann die Kartoffeln zugeben. Rundherum 20–30 Min. braten, bis die Kartoffeln fast gar sind, dabei ab und zu wenden.

3. Die Kräuter waschen, abtrocknen und hacken. Eier mit den Kräutern und der Milch verrühren, mit Salz und Pfeffer kräftig würzen. Über die Kartoffeln gießen, zudecken und bei ganz schwacher Hitze 25 Min. stocken lassen.

4. Die Tortilla auf eine Platte stürzen und abkühlen lassen, dann in 30 Stücke schneiden. Jeweils 1 Olive mit einem Spießchen darauf befestigen.

🕐 Zubereitung: 30 Min.

🕐 Garzeit: 50 Min.

Pro Portion ca.: 70 kcal

Gefüllte Eier auf leichte Art

Für 8 Portionen
12 Eier (Größe S)
4 EL Doppelrahm-Frischkäse
50 g Joghurt
2 TL scharfer Senf
Salz, schwarzer Pfeffer
12 geschälte gekochte Garnelen
1 kleines Glas Kaviar (50 g)
1/2 Bund Dill
1 dünne Scheibe gekochter Schinken (ca. 25 g)
1 TL kleine Kapern
500 g Tomaten

Das lässt sich vorbereiten
Eier am Vormittag kochen, die Creme anrühren, beides separat kalt stellen.

1. Die Eier anstechen und in ca. 10 Min. hart kochen. Kalt abschrecken und pellen, etwas abkühlen lassen.

2. Die Eier mit einem scharfen Messer halbieren. Die Eigelbe vorsichtig mit einem Teelöffel aus den Hälften lösen und mit Frischkäse, Joghurt und Senf gründlich verrühren oder glatt pürieren. Mit Salz und Pfeffer pikant abschmecken, in einen Spritzbeutel mit mittelgroßer Sterntülle füllen und gleichmäßig in die Eierhälften spritzen.

3. Die Garnelen kalt abspülen und mit Küchenpapier abtrocknen. Mit dem Kaviar auf 12 Eierhälften geben. Mit Dill verzieren. Den Schinken fein würfeln und mit den Kapern auf die übrigen Eierhälften geben. Die Eier attraktiv anrichten, z. B. auf einem Teller mit Tomatenscheiben.

Noch ein Rezept mit Ei: Soleier
Schon Tage im Voraus zubereitet, sind sie mit einem gut gewürzten Dip eine Köstlichkeit (zu sehen im Bild hinten). 8 Eier hart kochen. 1/2 l Wasser und 1/2 l hellen Essig mit 1 Lorbeerblatt, Gewürznelken, 1 Zweig Rosmarin, Pfefferkörnern, Senfsamen und 5 EL Salz aufkochen und abkühlen lassen. Die Schalen der Eier etwas anschlagen. Die Eier in ein Glas legen, den Sud darüber gießen und ein paar Tage kühl stellen.

Varianten

Gefüllte Eier zum Aussuchen für eine große Party
Klassisch: Eigelbe mit etwas Mayonnaise und Ketchup verrühren. Eier mit klein geschnittenen Sardellenfilets garnieren.
Italienisch: Eigelbe mit etwas Mascarpone und Pesto aus dem Glas pürieren, mit Schnitzen von Kirschtomaten garnieren.
Asiatisch: Eigelbe mit Curry und etwas Sambal Oelek pürieren. Mit gerösteten Cashewkernen und Chilistreifen garnieren.
Provenzalisch: Fein gehackte Oliven in die Eihälften geben, Eigelbe mit Olivenpaste aus dem Glas, zerdrücktem Knoblauch und etwas Mayonnaise verrühren. Mit Oliven und Thymian garnieren.
Norwegisch: Eigelbe mit Frischkäse und Räucherlachs pürieren, mit Zitrone würzen. Mit Lachsstreifen garnieren.
Mexikanisch: Kidneybohnen aus der Dose abtropfen lassen und mit den Eigelben pürieren. Mit gemahlenem Kreuzkümmel und Pfeffer würzen. Nach Belieben mit Chilistreifen, Avocadowürfelchen und/oder Kidneybohnen garnieren.

Zubereitung: 30 Min. | Pro Portion ca.: 195 kcal

Pizza-Taler zum Aussuchen

Für 8 Portionen
Für die Böden:
15 g frische Hefe
350 g Mehl
3 EL Olivenöl
1 TL Salz
Für die Sauce:
1 Zwiebel
2 Knoblauchzehen
2 EL Olivenöl
500 g passierte Tomaten (Fertigprodukt)
3 EL Tomatenmark
Salz
schwarzer Pfeffer
2 EL Thymianblättchen
Für den Belag:
50 g entsteinte Oliven
70 g Salami
70 g gekochter Schinken
1 kleine Dose Tunfisch (85 g)
125 g Mozzarella
125 g Gorgonzola
Außerdem:
Mehl zum Arbeiten
Öl für die Bleche

Das lässt sich vorbereiten
Hefeteig am Vorabend kneten, dabei nur handwarmes Wasser nehmen. Den Teig zugedeckt über Nacht im Kühlschrank aufgehen lassen. Alle übrigen Zutaten ebenfalls am Vortag vorbereiten, zugedeckt kalt stellen.

Tipp

Schneller geht's mit tiefgefrorenem Pizzateig. Pizzateige zum Anrühren aus der Packung oder aus dem Kühlregal sind in Geschmack und Konsistenz weniger empfehlenswert.

1. Die Hefe mit 25 ml lauwarmem Wasser glatt rühren, mit Mehl, Öl, Salz und 150 ml lauwarmem Wasser glatt verkneten. Den Teig in 24 Portionen teilen, zu Kugeln formen und leicht mit Mehl bestäuben, unter einem Küchentuch bei Zimmertemperatur 45 Min. ruhen lassen.

2. Inzwischen für die Tomatensauce die Zwiebel und den Knoblauch schälen und fein würfeln. Das Öl in einem Topf leicht erhitzen, die Zwiebel und den Knoblauch darin glasig braten. Die passierten Tomaten und das Tomatenmark einrühren, mit Salz, Pfeffer und Thymian würzen. Die Sauce offen bei mittlerer Hitze leicht dicklich einkochen lassen.

3. Den Backofen auf 250° (Umluft 220°) vorheizen. Backbleche fetten. Für den Belag die Oliven halbieren, Salami und Schinken würfeln, Tunfisch abtropfen lassen und zerpflücken. Den Mozzarella raspeln oder ganz fein würfeln, den Gorgonzola klein würfeln.

4. Nach und nach die Teigkugeln auf leicht bemehlter Fläche zu knapp 10 cm großen Kreisen ausrollen, mit Tomatensauce bestreichen und mit den übrigen Zutaten belegen. Auf die Bleche legen und nacheinander im Backofen (unten) jeweils 10 Min. backen.

Varianten

Als Belag eignen sich all jene Köstlichkeiten, die Sie vom Besuch Ihrer Lieblings-Pizzeria kennen. Artischocken, Paprikaschoten, gebratene Zucchini, Pilze, Zwiebeln, Schalotten oder getrocknete Tomaten, Sardellenfilets oder Kapern, Parmaschinken, Wurst oder Hackfleisch, Spinat oder Rucola, Muscheln, Tintenfisch oder Garnelen, Käse oder Früchte – die Auswahl ist riesig.
Wenn Sie die Möglichkeit dazu haben: Stellen Sie alles zugeschnitten in Schalen bereit und lassen Sie Ihre Gäste die Pizzen individuell belegen. Die Taler dann frisch nach Wunsch backen.
Schnell fertig: **Party-Pizza vom Blech:** Wenn Ihnen das Formen und Belegen kleiner Pizzen zu aufwändig ist, backen Sie ein großes Pizza-Blech. Aus 500 g Mehl, etwa 200 ml lauwarmer Milch, 1 Würfel Hefe, 1 TL Salz und 100 ml Olivenöl einen glatten Hefeteig kneten und diesen gut aufgehen lassen. Ausrollen und ein gut gefettetes Backblech damit auslegen, einen schmalen Rand formen. Belegen – eventuell verschiedene Abteilungen auf der Pizza bilden – und im vorgeheizten Backofen bei 225° (unten; Umluft 200°C) in 15 Min. goldbraun backen.

🕐 Zubereitung: 1 Std.

🕐 Backzeit: jeweils 10 Min.

🕐 Ruhezeit: 45 Min.

Pro Portion ca.: 375 kcal

Für 8 Portionen
1 1/2 kg kleine neue Kartoffeln
10 Knoblauchzehen
1/8 l Olivenöl
Salz, schwarzer Pfeffer
edelsüßes Paprikapulver
1/2 Bund Thymian
4 EL Pinienkerne

Das lässt sich vorbereiten
Kartoffeln und Öl einige Std. im Voraus auf dem Blech mischen, in den kalten Backofen stellen.

Knoblauch-Kräuter-Kartoffeln vom Blech

1. Den Backofen auf 200° vorheizen. Die Kartoffeln sehr gründlich waschen und abbürsten, mit Küchenpapier ein wenig abtrocknen.

2. Den Knoblauch schälen und in feine Stifte schneiden. In einer Schüssel mit Olivenöl, Salz, Pfeffer aus der Mühle und Paprikapulver verrühren.

3. Den Thymian waschen und abtrocknen, die Blättchen von den Stielen streifen. Etwa die Hälfte davon mit dem Öl verrühren.

4. Das Öl auf ein Backblech geben. Die Kartoffeln dazugeben und gründlich in dem Öl wenden. Die Pinienkerne darüber streuen. Alles im Ofen (Mitte, Umluft 180°) 40 Min. garen, zwischendurch die Zutaten mehrmals gut umrühren. Mit dem restlichen Thymian bestreut servieren.

🕐 Zubereitung: 30 Min.

🕐 Backzeit: 40 Min.   Pro Portion ca.: 270 kcal

Für 8 Portionen
1 1/2 kg kleine, längliche fest kochende Kartoffeln (möglichst neue Kartoffeln)
Salz
1 Bund Frühlingszwiebeln
4 EL Olivenöl
150 g Kasseler Aufschnitt (ersatzweise gekochter Schinken)
300 g Emmentaler
1/2 Bund Petersilie
100 g Schmand
schwarzer Pfeffer
1 TL getrockneter Majoran
Öl für das Backblech

Das lässt sich vorbereiten
Kartoffeln am Morgen kochen und füllen, zugedeckt kalt stellen und vor dem Fest backen.

Überbackene Kartoffelkanus

1. Die Kartoffeln waschen und gründlich abbürsten, zugedeckt in wenig Salzwasser in 15 Min. nur gerade eben gar kochen.

2. Inzwischen die Frühlingszwiebeln waschen, putzen und in sehr feine Ringe schneiden. Das Öl in einer Pfanne leicht erhitzen, die Frühlingszwiebeln darin bei schwacher Hitze 5 Min. unter Rühren garen. In eine Schüssel umfüllen.

3. Den Aufschnitt in kleine Würfel schneiden, den Käse raspeln. Die Petersilie waschen, abtrocknen und fein hacken. Alles mit dem Schmand unter die Frühlingszwiebeln rühren. Die Masse mit Salz, Pfeffer und Majoran abschmecken.

4. Den Backofen auf 200° vorheizen. Ein tiefes Backblech fetten. Die Kartoffeln abgießen und etwas abkühlen lassen, längs halbieren und die Hälften mit einem Teelöffel ein wenig aushöhlen. Jeweils etwas Füllung in die ausgehöhlten Hälften geben und diese dicht nebeneinander auf das Blech setzen. Im Backofen (Mitte, Umluft 200°) 10–15 Min. gratinieren.

🕐 Zubereitung: 45 Min.

🕐 Backzeit: 15 Min.   Pro Portion ca.: 400 kcal

Für 24 Stück
Für die Burger:
350 g mageres Rinderhackfleisch
1 Ei
2 EL Semmelbrösel
Salz, schwarzer Pfeffer
1 TL getrockneter Thymian
2 EL Olivenöl
Zum Anrichten:
einige Blätter Eisbergsalat
200 g kleine feste Tomaten
4 Gewürzgurken
24 Mini-Brötchen
6 EL Ketchup

Das lässt sich vorbereiten
Die Burger am Vortag braten.

Mini-Hamburger

1. Für die Burger das Hackfleisch mit dem Ei, den Semmelbröseln, Salz, Pfeffer und dem Thymian gründlich vermengen. 24 kleine, flache Burger daraus formen. Das Öl in einer Pfanne erhitzen, die Burger darin von beiden Seiten bei mittlerer Hitze in 10 Min. goldbraun braten. Aus der Pfanne nehmen und abkühlen lassen.

2. Zum Anrichten den Salat waschen und gut abtrocknen, in kleine Stücke teilen. Die Tomaten waschen, abtrocknen und ohne die Stielansätze in dünne Scheiben schneiden. Die Gurken ebenfalls in Scheiben schneiden.

3. Die Brötchen halbieren, alle Hälften mit Ketchup bestreichen. Jedes Brötchen mit etwas Salat, 1 Burger, 1 Tomaten- und 1 Gurkenscheibe dazwischen wieder zusammensetzen und gut zusammendrücken.

🕐 Zubereitung: 45 Min. | Pro Stück ca.: 80 kcal

Für 8 Portionen
100 g Räucherlachs
1 kleiner säuerlicher Apfel
1 EL Zitronensaft
2 EL Joghurt
1 Prise gemahlener Koriander
weißer Pfeffer, Salz
1 lange, dicke Salatgurke (ca. 600 g)
einige Zweige Dill

Das lässt sich vorbereiten
Tatar und Gurkenscheiben am Morgen vorbereiten und zugedeckt im Kühlschrank aufbewahren. Die Taler jedoch erst für die Party fertig stellen.

Variante

Die Gurke in Scheiben schneiden, dachziegelförmig auf einer Platte auslegen. Lachs-Apfel-Tatar in der Mitte darauf geben.

Gurkentaler mit Lachs-Apfel-Tatar

1. Den Räucherlachs in sehr kleine Würfel schneiden oder fein hacken. Den Apfel waschen, abtrocknen und gut abreiben. Vierteln und vom Kerngehäuse befreien, dann ebenfalls sehr fein würfeln. Die Apfelwürfel sofort mit dem Zitronensaft und dem Joghurt vermischen. Den Lachs dazugeben, alles mit Koriander, Pfeffer und etwas Salz würzen und vorsichtig vermengen.

2. Die Gurke gründlich waschen und abtrocknen. Mit einem Kanneliermesser oder einem Juliennereißer rundherum längs einkerben. Dann in insgesamt 24 etwa 2 cm dicke Scheiben schneiden. In jeder Scheibe mit einem Kugelausstecher ganz vorsichtig eine kleine Mulde formen. Das Lachs-Apfel-Tatar als kleine Häufchen auf die Gurkentaler setzen.

3. Den Dill waschen, abtrocknen und die Spitzen abzupfen. Zum Garnieren der Gurkentaler verwenden.

🕐 Zubereitung: 30 Min. | Pro Portion ca.: 50 kcal

Für 12 Portionen
Für die Hähnchen-Sandwiches:
100 g Bacon in dünnen Scheiben
9 Scheiben Sandwich-Toastbrot
6 Salatblätter
3 kleine feste Tomaten
70 g weiche Butter
4 EL Joghurt-Frischkäse
100 g Hähnchen- oder Putenbrust-aufschnitt (in dünnen Scheiben)
Salz, schwarzer Pfeffer
Für die Zucchini-Sandwiches:
250 g Zucchini
1 kleine rote Zwiebel
1 EL Olivenöl
1 Knoblauchzehe
Salz, schwarzer Pfeffer
1 EL Aceto balsamico
9 Scheiben Vollkorn-Toastbrot
6 Salatblätter
1 kleine rote Paprikaschote
100 g Sahne-Gorgonzola
3 EL schwarze Olivenpaste (aus dem Glas)

Das lässt sich vorbereiten
Die Sandwiches können fix und fertig einige Std. im Kühlschrank auf ihren großen Auftritt warten.

Sandwich-Variationen

1. Für die Hähnchen-Sandwiches nach und nach die Baconscheiben nebeneinander in einer großen Pfanne bei mittlerer Hitze knusprig ausbraten. Die Scheiben auf Küchenpapier legen und abkühlen lassen.

2. Die Toastscheiben toasten. Die Salatblätter waschen und gut trockenschleudern. Die Tomaten waschen und ohne die Stielansätze in dünne Scheiben schneiden, eventuell die Kerne entfernen.

3. 3 Toastscheiben auf einer Seite dünn mit Butter und dann dünn mit Frischkäse bestreichen. Je 1 Salatblatt und darauf Aufschnitt auflegen. Weitere 3 Toastscheiben auf beiden Seiten dünn mit Butter und Frischkäse bestreichen, auf den Aufschnitt legen. Mit Salatblättern, Tomatenscheiben und dem Speck belegen, salzen und pfeffern. Die letzten Toastscheiben dünn mit Butter bestreichen, mit der Butterseite nach unten auf den Speck legen. Leicht zusammendrücken. Jedes Sandwich diagonal durchschneiden, so dass jeweils 2 Dreiecke entstehen. Mit Spießchen zusammenstecken.

4. Für die Zucchini-Sandwiches die Zucchini waschen, putzen und grob raspeln. Die Zwiebel schälen und sehr klein würfeln. Das Olivenöl in einer beschichteten Pfanne leicht erhitzen, die Zwiebelwürfel darin glasig braten. Den Knoblauch schälen und dazupressen. Zucchini einrühren, alles bei mittlerer Hitze 5 Min. garen, bis die Feuchtigkeit verdampft ist. Mit Salz und Pfeffer kräftig würzen, abkühlen lassen. Anschließend mit dem Aceto balsamico beträufeln.

5. Die Toastscheiben toasten. Die Salatblätter waschen und gut trockenschleudern. Die Paprika waschen und putzen, in feine Streifen schneiden.

6. 3 Toastscheiben mit der Hälfte vom Gorgonzola bestreichen. Je 1 Salatblatt darauf legen, Zucchiniraspel darauf verteilen. 3 Toastscheiben auf Ober- und Unterseite mit Olivenpaste bestreichen. Auf die Zucchiniraspel legen. Salat und Paprika darauf schichten. Die letzten Toastscheiben mit dem restlichen Gorgonzola bestreichen und umgedreht auf die geschichteten Zutaten legen. Gut andrücken, diagonal halbieren (oder noch kleiner schneiden) und mit Spießchen feststecken.

Varianten

Amerikanisches Sandwich
Baconscheiben nach und nach in einer Pfanne knusprig ausbraten, auf Küchenpapier abkühlen lassen. Sandwich-Toastbrot toasten und mit Knoblauchsauce bestreichen. Je 2 Toastscheiben mit Speck, Salatblättern und Tomatenscheiben zusammenlegen, andrücken und diagonal halbieren.
Käse-Sandwich
Toastbrot toasten, mit Frischkäse bestreichen und mit Salz, Pfeffer und Paprikapulver würzen. Je 3 Toastscheiben mit Tomaten, Salat und würzigen Käsescheiben zusammensetzen. Andrücken und diagonal durchschneiden.

⏲ Zubereitung: 30 Min.   Pro Portion ca.: 125 kcal

Für 8 Stück
150 g Schafkäse
1 Knoblauchzehe
150 g Schafmilch-Joghurt (ersatz-
weise griechischer Joghurt)
2 EL gehackter Dill
Salz
Zitronenpfeffer
300 g Hähnchenbrustfilet
2 EL Öl
150 g Salatgurke
2 Stangen Sellerie
1 kleine rote Paprikaschote
8 Blätter Lollo rosso
8 Wraps (Fertigprodukt)

Das lässt sich vorbereiten
Füllung am Vortag zubereiten, zugedeckt kalt stellen.

Hähnchen-Wraps »Athen«

1. Den Käse in eine Schüssel bröckeln. Den Knoblauch schälen und dazupressen, Joghurt und Dill unterrühren, mit Salz und Zitronenpfeffer abschmecken. Kalt stellen.

2. Das Fleisch kalt abwaschen und abtrocknen, in schmale lange Streifen schneiden. Das Öl in einer beschichteten Pfanne erhitzen, das Fleisch darin rundherum in 4–5 Min. goldbraun braten. Zwischendurch mit Salz und Zitronenpfeffer würzen. Hähnchenbrust aus der Pfanne nehmen und abkühlen lassen.

3. Die Gurke schälen, halbieren und entkernen, in lange schmale Streifen schneiden. Sellerie und Paprika waschen und putzen, in lange schmale Streifen schneiden. Den Salat waschen, verlesen und gut trockenschütteln.

4. Die Wraps flach hinlegen, dünn mit einem Teil der Käsecreme bestreichen. Je 1 Salatblatt darauf legen. Alle Zutaten darauf verteilen, dabei an der unteren Seite etwa ein Viertel frei lassen. Diesen freien Teil über die Zutaten falten, dann die Teigfladen von einer Seite aufrollen. Servietten unten darumschlagen.

🕐 Zubereitung: 45 Min. | Pro Stück ca.: 220 kcal

Für 16 Stück
15 g getrocknete Steinpilze
250 g braune Champignons
1 Bund Frühlingszwiebeln
2 EL Olivenöl
75 g getrocknete, in Öl eingelegte
Tomaten
1 Päckchen TK-Kräuter der Pro-
vence
125 g geriebener Emmentaler
Salz, schwarzer Pfeffer
16 Mini-Brötchen

Das lässt sich vorbereiten
Die Pilzmischung am Vortag zubereiten, zugedeckt im Kühlschrank
aufbewahren.

Überbackene Mini-Pilz-Brötchen

1. Die Steinpilze mit heißem Wasser übergießen und quellen lassen. Die Champignons putzen und mit einem feuchten Tuch abreiben oder waschen, sehr fein hacken. Die Frühlingszwiebeln waschen, putzen und in ganz feine Ringe schneiden.

2. Das Öl in einer beschichteten Pfanne leicht erhitzen, die Frühlingszwiebeln darin anschwitzen. Die Champignons dazugeben und mit anschwitzen. Die Steinpilze abtropfen lassen und kleinschneiden, ebenfalls in die Pfanne geben. Alles bei mittlerer

Hitze garen, bis die Feuchtigkeit verdampft ist.

3. Die Tomaten klein würfeln, mit den Kräutern und dem Käse unter die Pilze rühren. Alles mit Salz und Pfeffer pikant abschmecken.

4. Den Backofen auf 200° vorheizen. Die Brötchen halbieren und das weiche Innere herauslösen. Die Hälften mit der Pilzmischung füllen und auf ein Backblech setzen. Im Backofen (Mitte, Umluft 180°) 15 Min. gratinieren.

🕐 Zubereitung: 45 Min.
🕐 Backzeit: 15 Min. | Pro Stück ca.: 110 kcal

Italienische Spinattaschen

Für 8 Stück
4 Scheiben TK-Blätterteig (300 g)
1/2 Bund Frühlingszwiebeln
1 EL Olivenöl
1 Knoblauchzehe
200 g TK-Spinat
2 EL Ricotta
1 Päckchen gemischte TK-Kräuter italienische Art
Salz, schwarzer Pfeffer
Muskatnuss
125 g Provolone-Käse
Außerdem:
Backpapier für das Blech
Mehl zum Arbeiten
1 Eigelb zum Bestreichen

Das lässt sich vorbereiten
Füllung am Vortag zubereiten.

1. Die Teigplatten nebeneinander unter einem Tuch auftauen lassen. Frühlingszwiebeln waschen und putzen, in feine Ringe schneiden. Das Öl in einem Topf leicht erhitzen, die Zwiebeln darin leicht anschwitzen. Den Knoblauch schälen und dazupressen. Spinat dazugeben und bei schwacher Hitze unter häufigem Rühren auftauen lassen. Offen köcheln lassen, bis die Feuchtigkeit verdampft ist. Vom Herd nehmen.

2. Ricotta mit den Kräutern verrühren, mit Salz, Pfeffer und Muskat würzen. Unter den Spinat rühren, etwas abkühlen lassen.

3. Backofen auf 200° vorheizen. Ein Backblech mit Backpapier auslegen. Teigplatten quer halbieren und auf leicht bemehlter Fläche zu etwa 12 cm großen Quadraten ausrollen, Ränder gerade schneiden.

4. Den Käse klein würfeln und unter den Spinat mischen. Je 1 EL Füllung auf die Teigstücke setzen. Das Eigelb mit 2 EL Wasser verquirlen, auf die Teigränder pinseln. Teig zu Dreiecken falten, die Ränder mit einer Gabel festdrücken. Auf das Blech setzen und mit Ei bestreichen. Im Backofen (Mitte, Umluft 180°) in 15 Min. goldbraun backen.

🕐 Zubereitung: 45 Min.

🕐 Backzeit: 15 Min.

Pro Stück ca.: 235 kcal

Herzchen zum Naschen

Für ca. 25 Stück
Für die Herzen:
2 EL Butter, Salz
80 g Mehl, 3 Eier (Größe S)
3 EL frisch geriebener Parmesan
Für die Füllung:
1/2 Bund Schnittlauch
1/2 Bund Basilikum
200 g Doppelrahm-Frischkäse
150 g Ricotta
2 EL Tomatenmark
4 EL Milch
Salz, schwarzer Pfeffer
Außerdem:
Backpapier für das Blech

Das lässt sich vorbereiten
Die Herzen 1 oder 2 Tage im Voraus backen, aufschneiden und auskühlen lassen. Zusammengehörende Hälften aufeinander legen, zugedeckt aufbewahren. Die Käsecreme am Vortag anrühren und zugedeckt kalt stellen.

1. Für die Herzen 1/8 l Wasser, Butter und 1 Prise Salz in einem kleinen Topf aufkochen lassen. Mehl dazugeben und alles gründlich verrühren, bis sich der Teig zu einem Kloß zusammengeballt hat und am Boden eine weiße Schicht gut sichtbar ist. Den Topf vom Herd nehmen, die Eier nacheinander gründlich unterrühren.

2. Den Backofen auf 225° vorheizen. Ein Backblech mit Backpapier auslegen. Den Brandteig in einen Spritzbeutel mit mittelgroßer Sterntülle füllen, ca. 25 3–4 cm große Herzen mit etwas Abstand zueinander auf das Blech spritzen. Den Parmesan aufstreuen.

3. Die Herzen im Backofen (Mitte, Umluft 200°) in 12 Min. goldbraun backen. Herausnehmen, sofort mit einer Schere aufschneiden und auskühlen lassen.

4. Die Kräuter waschen, abtrocknen und hacken. Frischkäse mit Kräutern, Ricotta, Tomatenmark und Milch glatt rühren. Mit Salz und Pfeffer herzhaft abschmecken.

5. Die Creme in einen Spritzbeutel mit großer Tülle füllen, auf die unteren Hälften der Windbeutel geben, die oberen Hälften darauf legen.

🕐 Zubereitung: 1 Std.

🕐 Backzeit: 12 Min.

Pro Stück ca.: 70 kcal

Für 8 Stück
Für den Teig:
250 g Mehl
1 TL Salz
1/2 TL getrockneter Oregano
1 kleines Eigelb
5 EL Olivenöl
Für die Füllung:
2 Zwiebeln
1 EL Olivenöl
1 Knoblauchzehe
2 TL getrockneter Oregano
3 kleine feste Tomaten
80 g Salami am Stück
125 g Mozzarella
Salz
schwarzer Pfeffer
Außerdem:
Backpapier für das Blech
1 Eigelb zum Bestreichen
2 EL geriebener Parmesan zum Bestreuen

Das lässt sich vorbereiten
Die Füllung am Vortag zubereiten. Den Teig ebenfalls am Vortag kneten, zugedeckt im Kühlschrank ruhen lassen.

Pizza-Säckchen

1. Für den Teig das Mehl mit Salz und Oregano mischen. Eigelb, Öl und 100 ml Wasser dazugeben und alles zu einem glatten, geschmeidigen Teig verkneten. Den Teig zugedeckt 30 Min. ruhen lassen.

2. Inzwischen für die Füllung die Zwiebeln schälen und klein würfeln. Das Öl in einer kleinen Pfanne leicht erhitzen, die Zwiebelwürfel darin glasig braten. Den Knoblauch schälen und dazupressen, den Oregano einrühren. Leicht anbraten, dann in eine Schüssel umfüllen.

3. Die Tomaten waschen, halbieren und Stielansätze und Kerne entfernen, klein würfeln. Die Salami und den Mozzarella ebenfalls klein würfeln. Alles zur Zwiebelmischung geben, vermengen und mit Salz und Pfeffer gut abschmecken.

4. Den Backofen auf 225° vorheizen. Ein Backblech mit Backpapier auslegen. Den Teig noch einmal durchkneten und in 8 gleich große Stücke (je etwa 50 g) teilen. Jedes Stück rund formen und auf der Arbeitsfläche zu einem ca. 18 cm großen Kreis ausrollen.

5. Jeweils gut 1 EL Füllung in der Mitte darauf setzen. Die Teigränder hochnehmen und über der Füllung zusammendrehen und -drücken, so dass Säckchen entstehen (s. Tipp). Die Säckchen auf das Backblech setzen. Eigelb mit 1 EL kaltem Wasser verquirlen, auf die Säckchen pinseln und mit Parmesan bestreuen. Im Backofen (Mitte, Umluft 200°) in 15 Min. goldbraun backen.

Varianten

Die Füllung der Pizza-Säckchen kann man ebenso wie Pizza immer wieder abwandeln.
Wer keine Salami möchte, nimmt Tunfisch aus der Dose oder gewürfelten gekochten Schinken.
Für eine vegetarische Variante kleine Zucchini- und Auberginenwürfel in Olivenöl anbraten und statt der Salami unter die Füllung mischen.
Und für ganz besondere Gelegenheiten können Sie auch geschälte Garnelen verwenden.

Tipp

Achten Sie darauf, dass die Stelle, an der Sie den Teig zusammendrücken, nicht zu dick wird. Sonst gart hier der Teig beim Backen nicht durch.

🕐 Zubereitung: 1 Std. 15 Min.

🕐 Backzeit: 15 Min.

Pro Stück ca.: 275 kcal

Kartoffel-Muffins

Für 24 Stück
250 g mehlig kochende Kartoffeln
Salz
1 Würfel frische Hefe (42 g)
1/2 TL Zucker
500 g Weizenmehl (Type 1050)
2 Päckchen gemischte TK-Kräuter
150 g gekochter Schinken
60 g Sonnenblumenkerne
Außerdem:
48 Papier-Backförmchen
Mehl zum Arbeiten
1 Eigelb
2 EL Milch
5 EL geriebener Pizzakäse

Das lässt sich vorbereiten
Den Teig in den Papierförmchen kalt stellen und erst 2 Std. vor der Party backen. Nicht bei Zimmertemperatur lagern, dort geht der Hefeteig zu stark auf.
Alternative: Die Törtchen im Voraus backen und einfrieren.

1. Die Kartoffeln waschen und abbürsten, zugedeckt in leicht gesalzenem Wasser in 20 Min. gar kochen. Inzwischen Hefe und Zucker mit 175 ml lauwarmem Wasser verrühren und zugedeckt 20 Min. gehen lassen.

2. Die Kartoffeln pellen und noch heiß durch die Kartoffelpresse drücken, dann mit dem Hefewasser, dem Mehl, 2 TL Salz und den Kräutern zu einem glatten Teig verkneten. Zugedeckt an einem warmen Ort 1 Std. gut aufgehen lassen.

3. Den Schinken klein würfeln und mit den Sonnenblumenkernen unter den Teig arbeiten. Den Teig mit bemehlten Händen zu Kugeln formen, die in der Größe zwischen Tischtennis- und Tennisbällen liegen.

4. Je 2 Papierförmchen ineinander setzen und auf ein Backblech stellen, die Teigkugeln hineinsetzen. 10 Min. gehen lassen. Inzwischen den Backofen auf 175° vorheizen.

5. Das Eigelb mit der Milch verquirlen, auf die Törtchen pinseln. Den Pizzakäse aufstreuen. Törtchen im Backofen (Mitte, Umluft 160°) in 25 Min. goldgelb backen.

Tipp

Die Törtchen lassen sich gut in einer Muffinform backen. Da die Teigmenge 24 Stück ergibt, ein Blech ausleihen oder die Törtchen nacheinander in einer 12-er-Form backen. Die Form gut fetten.

🕐 Zubereitung: 45 Min.
🕐 Backzeit: 25 Min.

🕐 Ruhezeit: 1 Std. 30 Min.
Pro Stück ca.: 115 kcal

Gemischte Käseplatte

Für 8 Portionen
600-800 g gemischte Käsesorten (mindestens 4 Sorten; z.B. Gruyère, Emmentaler, Brie, Gorgonzola)
250 g blaue Weintrauben
250 g grüne Weintrauben
4 EL Walnusskerne
1 kleines Gläschen Feigensenf oder Mangochutney

1. Die Käsesorten dekorativ auf einer großen Platte arrangieren, so dass alle gut zugänglich sind.

2. Die Weintrauben waschen, abtrocknen und zum Käse legen. Walnusskerne auf der Platte verteilen. Feigensenf oder Chutney nach Belieben in ein kleines Schälchen umfüllen, zum Käse stellen.

3. Käsemesser und Löffelchen für Senf bzw. Chutney dazu legen.

Käsesorten auswählen
Für jeden Geschmack sollte etwas dabei sein: milde und kräftige, feste und weiche Käse, von jeder Käsesorte ein ausreichend großes Stück. Alternative für größere Feste: ein ganzer Käselaib oder ein einziges großes Käsestück, etwa ein ganzer Tortenbrie oder ein großes Stück Parmesan.

🕐 Zubereitung: 15 Min.
Pro Portion ca.: 410 kcal

Für 8 Portionen
2 Hand voll Rucola
1 EL Pesto rosso (Glas)
2 EL kaltgepresstes Olivenöl
300 g Doppelrahm-Frischkäse
Salz, schwarzer Pfeffer
1 große rote Paprikaschote
4 Stangen Sellerie (möglichst mit Grün)

Das lässt sich vorbereiten
Die Creme am Vortag anrühren, zugedeckt kalt stellen. Auch die fertig gefüllten Gemüseschiffchen überstehen mehrere Std. unbeschadet, können also frühzeitig zubereitet werden.

Gemüseschiffchen rot-grün

1. Den Rucola waschen und gut trockenschütteln, verlesen und die groben Stiele entfernen. Den Rucola sehr fein hacken.

2. Rucola mit Pesto rosso, Olivenöl und dem Frischkäse in eine Schüssel geben. Mit Salz und schwarzem Pfeffer aus der Mühle würzen und gründlich verrühren.

3. Die Paprikaschote waschen und halbieren. Stielansatz, Kerne und helle Trennhäutchen entfernen. Die Hälften längs in jeweils 4 Streifen schneiden, so dass Schiffchen entstehen. Von 2 breiten Schiffchen je 1 dünne Scheibe abschneiden und diese für die Garnierung klein würfeln.

4. Den Sellerie waschen und putzen, jede Stange in 4 Stücke schneiden. Den Frischkäse in einen Spitzbeutel mit großer Sterntülle füllen, in die Sellerie- und die Paprikastücke spritzen. Alles dekorativ auf einer Platte anrichten, mit Paprikawürfelchen bestreuen.

⏲ Zubereitung: 30 Min. | Pro Portion ca.: 160 kcal

Für 8 Portionen
400 g roher Schinken in dünnen Scheiben (Parmaschinken, Serrano, Südtiroler Speck, Schwarzwälder Schinken, etc.)
100 g Bündner Fleisch
Außerdem:
2 Kiwis
100 g Kirschtomaten
einige Kräuterzweige

Feine Schinkenplatte

1. Alle Schinkenscheiben dekorativ und nicht zu dicht übereinander auf einer Servierplatte auslegen. Dabei eventuell einige Scheiben locker zu Röllchen drehen und einige Scheiben zu Päckchen falten.

2. Die Kiwis vierteln, die Kirschtomaten waschen und halbieren, die Kräuter waschen und abtrocknen. Alles zum Garnieren verwenden. Nicht vergessen: 1 oder 2 Serviergabeln dazu legen.

Schinken und Wurst auswählen
Statt Schinken kann man natürlich auch Aufschnitt kombinieren. Wählen Sie Sorten, die mehrere Std. in einem warmen Raum überstehen, ohne Aussehen und Geschmack einzubüßen. Gut eignen sich neben Schinken alle Sorten Hartwurst wie Salami und Mettwurst. Bei empfindlicheren Wurstsorten stellen Sie besser eine kleine Platte aufs Büffet und halten eine Reserve zum Auffüllen im Kühlschrank bereit.

⏲ Zubereitung: 20 Min. | Pro Portion ca.: 210 kcal

Baguette mit Käsefüllung

Für 8 Portionen
3 kleine Baguettes zum Aufbacken
(je etwa 150 g; Kühlregal)
4 zarte Frühlingszwiebeln
125 g weiche Butter
200 g fettarmer Frischkäse mit
Joghurt
125 g Räucherschinken-Würfel
(Fertigprodukt)
1 Päckchen TK-Kräuter der Pro-
vence
1 kleine Dose Maiskörner (140 g)
schwarzer Pfeffer
Zitronenpfeffer
1 TL Paprikapulver, edelsüß
2 TL körniger Senf

Das lässt sich vorbereiten
Die Creme am Vortag mischen, das
Brot am Partytag füllen.

1. Baguettes nach Packungsangabe aufbacken. Abkühlen lassen.

2. Die Frühlingszwiebeln waschen, putzen und in ganz feine Ringe schneiden. Butter mit dem Frischkäse verrühren, Zwiebeln, Schinkenwürfel und die Kräuter darunter rühren. Den Mais in einem Sieb gut abtropfen lassen und unterrühren. Die Creme mit schwarzem Pfeffer, Zitronenpfeffer, Paprika und Senf abschmecken.

3. Die Baguettes einmal durchschneiden. Alle Hälften mit einem langen Messer und einem Löffel vorsichtig aushöhlen, ohne die Kruste zu zerstören.

4. Die Brotkrumen fein zerrupfen und unter die Käsecreme rühren. Die Creme in die Baguettehälften geben. Die Hälften zusammensetzen und mit Alufolie umwickeln. Mindestens 2 Std. in den Kühlschrank legen und die Creme im Brot fest werden lassen. Das Brot schmeckt frisch am besten, übersteht aber einige Std. auf dem Büfett. Nur zu warm darf es dort nicht sein, sonst wird die Füllung weich.

5. Zum Servieren die Brote in Scheiben schneiden.

🕐 Zubereitung: 40 Min.

🕐 Kühlzeit: 2 Std.

Pro Portion ca.: 440 kcal

Filet-Häppchen mit Orangenkäse

Für 8 Portionen
300 g Schweinefilet
Salz, schwarzer Pfeffer
gemahlener Koriander
2 EL Öl
1 unbehandelte Orange
200 g Doppelrahm-Frischkäse
1 langes Zwiebelbaguette
4 EL weiche Butter
2 EL Pistazienkerne

Das lässt sich vorbereiten
Filet am Vortag braten, Creme und
Garnierungen vorbereiten, alles
zugedeckt kalt stellen.

1. Das Filet kalt abwaschen, abtrocknen und rundherum mit Salz, Pfeffer und Koriander einreiben. Das Öl in einer Pfanne erhitzen, das Filet darin von allen Seiten scharf anbraten, dann bei reduzierter Hitze rundherum noch 10 Min. braten. Abkühlen lassen.

2. Die Orange heiß abwaschen und abtrocknen. Etwas Schale in feinen Spänen abziehen, die übrige Schale fein abreiben. Die Orange filetieren, den Saft dabei auffangen. Die Filets halbieren.

3. Frischkäse mit abgeriebener Orangenschale, 1 EL Orangensaft, Salz und Pfeffer verrühren.

4. Das Baguette in 16 Scheiben schneiden, dünn mit Butter bestreichen. Das Filet ebenfalls in 16 Scheiben schneiden, auf die Brote legen. Je 1 EL Frischkäse darauf geben, mit Orangenfilets, -spänen und Pistazien garnieren.

🕐 Zubereitung: 45 Min.

Pro Portion ca.: 290 kcal

Käse-Möhren-Canapés

Für 8 Portionen
175 g Möhren
1 kleine feste Birne
1 EL Zitronensaft
1 EL Kürbiskernöl
Salz, schwarzer Pfeffer
gemahlener Kreuzkümmel
250 g Westfälisches Vollkornbrot
(dünne, eckige Scheiben)
100 g Kräuter-Frischkäse
4 nicht zu dünne Scheiben Gruyère
8 kleine Salatblätter
4 EL dunkle Kürbiskerne

Das lässt sich vorbereiten
Den Möhrensalat am Morgen zubereiten, zugedeckt kalt stellen. Auch die fertigen Häppchen überstehen einen recht langen Zeitraum ohne Qualitätsverlust.

1. Die Möhren schälen und putzen, grob raspeln. Die Birne waschen und gut abreiben, ohne Stielansatz und Kerngehäuse zu den Möhren raspeln. Zitronensaft, Kürbiskernöl, Salz, Pfeffer aus der Mühle und etwas Kreuzkümmel dazugeben, alles gut mischen und abschmecken.

2. Die Brotscheiben vorsichtig voneinander trennen. Alle Scheiben mit Frischkäse bestreichen. Die Hälfte der Scheiben mit 1 passenden Käsescheibe belegen, 1 weitere Brotscheibe mit der bestrichenen Seite nach unten darauf legen (wie bei einem Sandwich). Diese belegten Scheiben mit einem schweren Messer in passende Stücke schneiden.

3. Die nun oben liegenden Brotseiten eventuell ebenfalls mit Frischkäse bestreichen, mit je 1 Salatblatt belegen. Möhrensalat als kleine Häufchen darauf setzen, Kürbiskerne zum Garnieren verwenden.

Variante

Statt Vollkornbrot 1 langes schmales Baguette nehmen, in dünne Scheiben schneiden. Mit Frischkäse bestreichen. Etwa 50 g Gruyére raspeln, mit dem Möhrensalat mischen.

🕐 Zubereitung: 30 Min. | Pro Portion ca.: 220 kcal

Kiwi-Canapés mit Walnusscreme

Für 8 Portionen
Für die Walnusscreme:
80 g Walnusskerne
80 g gekochter Schinken
50 g Joghurt
50 g fettarmer Frischkäse
weißer Pfeffer
Außerdem:
1 Rolle Pumpernickeltaler (250 g)
oder 2 dünne Baguettes
25 g fettarmer Frischkäse
5 nicht zu reife Kiwis

Das lässt sich vorbereiten
Die Walnusscreme am Vortag anrühren und zugedeckt kalt stellen. Die Canapés können ohne weiteres 3 Std. im Voraus zubereitet werden.

1. Für die Walnusscreme die Walnüsse hacken und den Schinken fein würfeln, mit dem Joghurt und dem Frischkäse verrühren. Mit Pfeffer abschmecken.

2. Pumpernickeltaler voneinander lösen oder Baguettes in dünne Scheiben schneiden. Dünn mit dem Frischkäse bestreichen. Die Kiwis schälen, 4 Früchte in je 6 Scheiben schneiden, auf die Brote legen.

3. Die Walnusscreme in Häufchen darauf setzen. Die letzte Kiwi in Scheiben, diese in Stückchen schneiden und die Canapés damit garnieren.

🕐 Zubereitung: 30 Min. | Pro Portion ca.: 200 kcal

Was Warmes für den Gast

Suppen, Eintöpfe & Pikantes aus dem Ofen

Herzhaftes aus dem Suppentopf darf auf keiner Party fehlen. Ob leichtes Kräutersüppchen als Auftakt für ein feines Menü oder sättigende Mitternachtssuppe, die zu später Stunde Energie fürs endlose Weiterfeiern verschafft – seinen Teller löffelt jeder gern aus. Ebenso beliebt: Aufläufe und pikante Kuchen, deren ofenfrischer Duft sich rasant in allen Räumen verbreitet und die Gäste garantiert immer wieder zum Büffet lockt.

Fruchtige Curry-Kaltschale

Für 8 Portionen
1 Bund zarte Frühlingszwiebeln
2 EL Öl, 3 EL Currypulver
1 knapper EL Mehl, 350 ml Hühnerbrühe
400 g Aprikosen (frisch oder aus der Dose)
750 ml Dickmilch
Salz, weißer Pfeffer

1. Die Frühlingszwiebeln waschen und putzen. Die weißen Teile sehr klein würfeln, das Grün in sehr feine schräge Ringe schneiden. Das Öl in einem großen Topf erhitzen, die Zwiebelwürfel darin unter Rühren leicht anbraten. Curry und Mehl darüber stäuben und unter Rühren leicht anschwitzen, dann unter Rühren die Brühe unterrühren. Alles 5 Min. köcheln lassen.

2. Die Aprikosen waschen, entsteinen und 2–3 cm groß würfeln, mit den Zwiebelringen zur Suppe geben. In eine große Schüssel umfüllen. Die Dickmilch glattrühren und nach und nach unterrühren. Die Suppe mit Salz und Pfeffer pikant würzen und über Nacht zugedeckt kalt stellen. Eventuell mit etwas Brühe verdünnen.

🕐 Zubereitung: 30 Min.

🕐 Kühlzeit: über Nacht | Pro Portion ca.: 195 kcal

Kartoffel-Bier-Suppe

Für 8 Portionen
2 Bund Frühlingszwiebeln
150 g durchwachsener Räucherspeck
800 g mehlig kochende Kartoffeln
2 Knoblauchzehen
1/2 l Bier
1 l Gemüsebrühe
Salz, schwarzer Pfeffer
2 Eigelb
200 g Crème fraîche
Schnittlauchröllchen

1. Die Frühlingszwiebeln waschen, putzen und in feine Ringe schneiden. Den Speck klein würfeln. Die Kartoffeln schälen und ebenfalls klein würfeln.

2. Den Speck in einem Topf bei mittlerer Hitze knusprig ausbraten. Frühlingszwiebeln und Kartoffeln kurz mit anbraten, den Knoblauch dazupressen. Mit Bier und Brühe ablöschen, salzen und pfeffern und zugedeckt 15 Min. köcheln lassen.

3. Die Eigelbe mit der Crème fraîche glatt rühren, in die Suppe rühren, nicht mehr kochen lassen. Die Suppe abschmecken und mit Schnittlauchröllchen bestreut servieren.

🕐 Zubereitung: 30 Min.

🕐 Garzeit: 15 Min. | Pro Portion ca.: 330 kcal

Schneller Gemüseauflauf

Für 8 Portionen
1 kg gemischtes TK-Gemüse
400 g Fleischkäse oder Lyoner
400 g milder Feta
3/4 l Milch
10 Eier
Salz, schwarzer Pfeffer
1 Päckchen gemischte TK-Kräuter, z.B. »Italienische Art«

1. Den Backofen auf 200° vorheizen. Das gefrorene Gemüse in eine breite Auflaufform geben. Den Fleischkäse und den Feta 1–2 cm groß würfeln und dazugeben, alles mischen.

2. Die Milch mit den Eiern verquirlen, mit Salz, Pfeffer und den Kräutern würzen und in die Form gießen. Den Auflauf im Backofen (Mitte, Umluft 180°) 1 Std. backen. Eventuell mit Alufolie abdecken, wenn die Oberfläche zu dunkel wird. (Wenn das Gemüse aufgetaut in die Form kommt, reichen 50 Min. als Garzeit.)

⏱ Zubereitung: 15 Min.

⏱ Backzeit: 1 Std. | Pro Portion ca.: 485 kcal

Salamizopf

Für 1 Brot (16 Scheiben)
600 g Mehl, 1 TL Zucker
1 Päckchen Trockenhefe, 2 TL Salz
250 g Salami in dicken Scheiben
75 g Röstzwiebeln (Fertigprodukt)
1 Päckchen TK-Kräuter der Provence
Mehl zum Arbeiten
Backpapier für das Blech

1. Mehl mit Zucker, Trockenhefe und Salz mischen. Etwa 370 ml Wasser dazugeben und alles zum glatten, geschmeidigen Teig verkneten. Zugedeckt 1 Std. an einem warmen Ort gut aufgehen lassen.

2. Backblech mit Backpapier auslegen. Die Salami in kleine Würfel schneiden. Den Teig noch einmal durchkneten, dann Salami, Röstzwiebeln und Kräuter gründlich darunter kneten. Den Teig in 3 gleiche Portionen teilen, auf leicht bemehlter Fläche zu 40–50 cm langen Strängen formen und einen Zopf daraus flechten. Auf das Blech setzen und zugedeckt 30 Min. gehen lassen.

3. Inzwischen den Backofen auf 175° vorheizen. Den Zopf im Backofen (Mitte, Umluft 160°) in 50 Min. goldbraun backen.

⏱ Zubereitung: 45 Min. | ⏱ Ruhezeit: 1 Std. 30 Min.

⏱ Backzeit: 50 Min. | Pro Portion ca.: 195 kcal

Für 8 Portionen
1 kg Blattspinat
3 EL Olivenöl
100 g gemahlene Mandeln
4 Knoblauchzehen
1 1/2 l Gemüsebrühe
Salz, schwarzer Pfeffer
200 g Sahne
2 Zwiebeln
150 g Chorizo (s. Tipp)
50 g gestiftelte Mandeln

Das lässt sich vorbereiten
Die Suppe am Vortag kochen, auch die Wurst braten. Vor der Party wieder aufwärmen.

Spanische Spinatsuppe

1. Den Blattspinat gründlich waschen und verlesen, die groben Stiele abzwicken. Das Olivenöl in einem Topf leicht erhitzen, die gemahlenen Mandeln darin goldgelb anrösten. Den Knoblauch schälen und dazupressen, den Spinat einrühren. Die Brühe angießen und alles mit Salz und Pfeffer würzen, zugedeckt 5 Min. köcheln lassen.

2. Die Suppe im Mixer pürieren. Die Sahne einrühren und alles noch 5 Min. bei ganz schwacher Hitze zugedeckt köcheln lassen.

3. Inzwischen die Zwiebeln schälen und klein schneiden. Die Wurst in Scheiben schneiden, in einer beschichteten Pfanne ohne Fett bei mittlerer Hitze anbraten. Die Zwiebeln mitbraten, zuletzt die Mandelstifte kurz mitbraten.

4. Die Suppe abschmecken. Die Wurstmischung daraufgeben oder daneben anrichten.

Tipp

Die spanische Chorizo-Wurst enthält immer Paprikapulver. Bei uns bekommen Sie Chorizo in Feinkostläden und großen Supermärkten, ersatzweise verwenden Sie Kabanossi oder Landjäger.

🕐 Zubereitung: 55 Min. | Pro Portion ca.: 360 kcal

Für 8 Portionen
300 g Bärlauch
2 Zwiebeln
500 g mehlig kochende Kartoffeln
3 EL Butter
1 1/2 l Gemüsebrühe
150 g Crème fraîche
Salz, weißer Pfeffer
8 dünne Scheiben Zwiebelbrot
2 EL Olivenöl

Das lässt sich vorbereiten
Die Suppe am Vortag kochen, kalt stellen und vor dem Fest aufkochen. Brotscheiben am Vortag braten, abkühlen lassen und locker abgedeckt beiseite stellen.

Bärlauchsuppe

1. Den Bärlauch gründlich waschen, abtrocknen und von den groben Stielen befreien. Die Blätter grob zerschneiden oder hacken. Die Zwiebeln schälen und klein würfeln. Die Kartoffeln schälen, waschen und ebenfalls klein würfeln.

2. Die Butter in einem breiten Topf zerlassen, die Zwiebel darin bei mittlerer Hitze glasig braten. Den Bärlauch und die Kartoffeln einrühren und mit anschwitzen, dann mit der Gemüsebrühe ablöschen. Zugedeckt 15 Min. köcheln lassen, bis die Kartoffeln gar sind.

3. Die Suppe im Mixer pürieren und zurück in den Topf gießen. Crème fraîche einrühren und die Suppe wieder aufkochen lassen. Mit Salz und Pfeffer abschmecken.

4. Das Öl in einer breiten Pfanne erhitzen, die Brotscheiben darin goldbraun rösten. Zur Suppe servieren.

🕐 Zubereitung: 45 Min. | Pro Portion ca.: 240 kcal

Für 8 Portionen
500 g fest kochende Kartoffeln
1 Lauchstange
300 g Zucchini
300 g Möhren
1 große Fenchelknolle
650 g Tomaten
1 große Dose weiße Bohnenkerne
(800 g)
2 Zwiebeln
6 EL Olivenöl
2 l heiße Gemüsebrühe
1 Bund glatte Petersilie
1 Bund Basilikum
Salz, schwarzer Pfeffer
100 g Pecorino oder Parmesan am
Stück

Das lässt sich vorbereiten
Die Suppe am Vortag zubereiten,
dabei die Kochzeit auf 10 Min. reduzieren. Rasch abkühlen lassen und
zugedeckt kalt stellen, am Partytag
wieder aufkochen lassen und garen.

Minestrone

1. Die Kartoffeln schälen, waschen und würfeln. Lauch, Zucchini, Möhren und Fenchel waschen, putzen und in kleine Stücke schneiden.

2. Die Tomaten waschen und ein-ritzen. Für einige Sekunden in kochend heißes Wasser legen, heraus-heben und häuten, ohne die Stielansät-ze grob würfeln. Die Bohnen in ein Sieb abgießen, kalt abspülen und abtropfen lassen.

3. Die Zwiebeln schälen und fein würfeln. Das Olivenöl in einem großen Topf leicht erhitzen, die Zwie-belwürfel darin bei mittlerer Hitze gla-sig braten. Nach und nach das Gemüse mit anschwitzen, dann die heiße Brühe dazugießen. Tomaten, Kartoffeln und die Bohnen dazugeben, alles zugedeckt bei mittlerer Hitze 20–25 Min. köcheln lassen.

4. Die Kräuter waschen, abtrock-nen und hacken, unter die Sup-pe rühren. Diese mit Salz und Pfeffer abschmecken und mit frisch gehobel-tem oder geriebenem Käse bestreut servieren.

Typisch italienisch: Pesto
Pesto selbst zu machen geht völlig problemlos bereits am Vortag der Party.
Dafür 50 g Pinienkerne in einer
trockenen Pfanne leicht rösten, wieder
herausnehmen. 3 Knoblauchzehen
schälen und grob hacken. 4 Bund Basilikum kurz abbrausen, trockentupfen
und die Blättchen von den Stielen zupfen. Alles mit 1 TL Salz und 5 EL würzigem, kaltgepresstem Olivenöl im
Mörser fein zerstoßen oder im Mixer
zerhacken. Nach und nach 50 g geriebenen Pecorino oder Parmesan untermischen, zuletzt weitere 5 EL Olivenöl.
Mit Salz und schwarzem Pfeffer
abschmecken.

Varianten

Die Gemüsesorten für die Suppe
können Sie nach Geschmack vari-
ieren. Verwenden Sie das, was auf
dem Markt gerade frisch und
preiswert angeboten wird, oder
was gerade in Ihrem Garten he-
rangereift ist. Und wenn es einmal
besonders schnell gehen soll, nehmen Sie gemischtes Gemüse aus
der Tiefkühltruhe.
Oder Pesto dazureichen, selbstge-
macht (s. oben) oder aus dem
Glas, dann verschiedene Sorten
hinstellen. Die Vielfalt ist inzwischen groß.

⏱ Zubereitung: 55 Min. | Pro Portion ca.: 330 kcal

Kalte Avocadosuppe

Für 8 Portionen
2 kleine feste Tomaten
1 Möhre, 1 Zwiebel
1 Knoblauchzehe
1/2 Bund glatte Petersilie
1 Lorbeerblatt
2 TL Pfefferkörner
4 reife Avocados
Saft von 1 Limette
3 EL Weißweinessig
einige Tropfen Tabasco
Salz, weißer Pfeffer
2 Stängel Koriandergrün
4 kleine feste Tomaten
200 g Crème fraîche

Das lässt sich vorbereiten
Die Brühe am Vortag kochen und kalt stellen. Die Suppe möglichst spät fertig stellen, die Avocados werden sonst braun.

1. Die Tomaten waschen, halbieren und von den Stielansätzen befreien sowie entkernen. Möhre, Zwiebel und Knoblauch schälen. Alles fein würfeln. Die Petersilie waschen, abtrocknen und hacken.

2. Gemüse, Petersilie, Lorbeer und Pfefferkörner mit 1 1/2 l Wasser in einen Topf geben. Aufkochen, dann halb zugedeckt 30 Min. köcheln lassen. Durch ein feines Sieb abgießen und kalt stellen.

3. Die Avocados halbieren und entsteinen. Das Fruchtfleisch aus den Schalen lösen und sofort mit einem Teil der gekühlten Gemüsebrühe im Mixer oder mit einem Pürierstab glatt pürieren. Das Avocadopüree mit der übrigen Gemüsebrühe verrühren. Mit Limettensaft, Essig, Tabasco, Salz und Pfeffer herzhaft abschmecken. Kalt stellen.

4. Zum Servieren das Koriandergrün waschen, abtrocknen und hacken. Die Tomaten waschen, von den Stielansätzen befreien und entkernen, klein würfeln. Die Crème fraîche durchrühren und in eine Schüssel umfüllen, die Tomatenwürfel darauf geben. Die Suppe noch einmal durchrühren, das Koriandergrün aufstreuen. Crème fraîche dazu bereitstellen.

🕐 Zubereitung: 50 Min.

🕐 Kühlzeit: über Nacht

Pro Portion ca.: 270 kcal

Asiatischer Nudeltopf

Für 8 Portionen
100 g Glasnudeln
8 getrocknete Tongupilze
3 kleine grüne Chilischoten
50 g Ingwer
2 Knoblauchzehen
1 kleine rote Paprikaschote
1 Bund zarte Frühlingszwiebeln
1 Zucchino
100 g Zuckerschoten
150 g Mungobohnenkeime
2 l Gemüsebrühe
4 EL Fischsauce, 3 EL Reisessig
1/4 TL Szetschuanpfeffer
Sojasauce
einige Blätter Thai-Basilikum

Das lässt sich vorbereiten
Das Gemüse kleinschneiden und zugedeckt im Kühlschrank aufbewahren.

1. Glasnudeln und Tongupilze getrennt in reichlich warmem Wasser einweichen. Chilischoten waschen, putzen, entkernen und in feine Ringe schneiden oder hacken. Ingwer und den Knoblauch schälen und fein hacken.

2. Alles Gemüse waschen und putzen. Paprika in feine Streifen, die Frühlingszwiebeln in sehr schräge Ringe schneiden. Den Zucchino in Streifen schneiden. Die Zuckerschoten schräg halbieren oder dritteln. Mungobohnenkeime nur kalt abspülen.

3. Die Brühe in einem großen Topf aufkochen lassen. Chilis, Ingwer, Knoblauch, Fischsauce, Reisessig und Szetschuanpfeffer hineingeben.

4. Tongupilze von den Stielen befreien und in schmale Streifen schneiden, zusammen mit dem Gemüse (außer den Mungobohnenkeimen) in die Brühe geben. Alles bei mittlerer Hitze 5 Min. leicht kochen lassen.

5. Glasnudeln abtropfen lassen, eventuell mit einer Schere kleinschneiden. Mit den Bohnenkeimen in die Suppe geben und alles noch kurz aufkochen lassen. Mit Sojasauce abschmecken. Das Thai-Basilikum waschen, abtrocknen und in Streifen schneiden, auf die Suppe

🕐 Zubereitung: 45 Min.

Pro Portion ca.: 125 kcal

Für 8 Portionen
1 1/4 kg Putengulasch (aus der Oberkeule)
6 Chilischoten (rot und grün)
2 große Zwiebeln
2 große Knoblauchzehen
4 EL Olivenöl
Salz, schwarzer Pfeffer
1 TL gemahlener Kreuzkümmel
1 TL brauner Zucker
2 TL getrockneter Thymian
2 EL Mehl
1/2 l Hühnerbrühe
1 große Dose geschälte Tomaten (800 g)
1 Dose Kidneybohnen (400 g)
etwas frisches Koriandergrün
400 g saure Sahne

Das lässt sich vorbereiten
Das Chili am Vortag kochen, zugedeckt im Kühlschrank aufbewahren.

Scharfes Puten-Chili

1. Das Putengulasch in sehr kleine Würfel schneiden, Sehnen dabei entfernen. Die Chilischoten aufschlitzen, von Kernen und den Stielansätzen befreien, waschen und in feine Ringe schneiden oder hacken. Die Zwiebeln schälen und klein würfeln. Den Knoblauch schälen und hacken.

2. Das Olivenöl in einem großen Topf erhitzen, das Putenfleisch darin nach und nach anbraten. Zwiebeln, Knoblauch und Chilis leicht mit anbraten. Mit Salz, Pfeffer, Kreuzkümmel, Zucker und Thymian würzen. Das Mehl darüber stäuben und leicht anschwitzen, dann die Brühe einrühren.

3. Die Tomaten mit dem Saft dazugeben, die Tomaten zerdrücken. Die Bohnen in ein Sieb abgießen und kalt abspülen, ebenfalls dazugeben. Aufkochen und zugedeckt bei schwacher Hitze mindestens 1 Std. köcheln lassen.

4. Das Koriandergrün waschen und abtrocknen, fein hacken. Einen Teil davon mit der sauren Sahne verrühren, mit Salz und Pfeffer abschmecken. Zum Servieren auf den Eintopf geben oder daneben stellen. Das restliche Koriandergrün über das Chili streuen.

🕐 Zubereitung: 45 Min.

🕐 Garzeit: 1 Std. | Pro Portion ca.: 475 kcal

Für 8 Portionen
2 Zwiebeln
2–3 Knoblauchzehen
2 EL Olivenöl
2 Dosen geschälte Tomaten (à 800 g)
1 l Gemüsebrühe
100 g Sahne nach Belieben
Salz, Pfeffer, Cayennepfeffer
getrockneter Thymian

Schnelle Tomatensuppe

1. Die Zwiebeln und den Knoblauch schälen und klein würfeln. In einem breiten Topf Olivenöl erhitzen und die Zwiebeln darin goldgelb anbraten. Die Tomaten und den Knoblauch dazugeben. Die Tomaten zerdrücken, gut geht das z.B. mit dem Bratenwender oder dem Kartoffelstampfer (so werden sie kleiner).

2. Die Gemüsebrühe dazugießen. Die Tomaten bei mittlerer Hitze aufkochen, noch 15 Min. bei schwacher Hitze weiter köcheln lassen. Je länger die Suppe kocht, desto musiger wird sie. Sahne nach Geschmack einrühren und mit Salz, Pfeffer, Cayennepfeffer und Thymian würzen.

Varianten

Die fertige Suppe pürieren und mit Sahne abrunden.
Altbackenes Weißbrot mitgaren, so wird die Suppe noch sämiger.
500 g grüne Bohnen mitgaren.
Croûtons aufstreuen.
1 Klacks Sahne auf jeden Teller setzen.
Gegarter Reis in der fertigen Suppe macht sie sättigender.
Basilikumstreifen darüber streuen.
Suppe mit geriebenem Parmesan bestreuen.

🕐 Zubereitung: 30 Min. | Pro Portion ca.: 105 kcal

Bunte Mitternachtssuppe

Für 8 Portionen
2 Stangen Lauch
je 1 rote, gelbe und grüne Papri-kaschote
4 EL Öl
600 g gemischtes Hackfleisch
4 Knoblauchzehen
1,4 l Fleischbrühe
1 große Dose geschälte Tomaten (800 g)
2 EL getrockneter Thymian
Salz, schwarzer Pfeffer
2 TL edelsüßes Paprikapulver
Cayennepfeffer
1 Dose Kidneybohnen (400 g Inhalt)
1 Dose Maiskörner (300 g Inhalt)

Das lässt sich vorbereiten
Die Mitternachtssuppe am Vortag kochen, kalt stellen und rechtzeitig wieder aufkochen lassen.

1. Die Lauchstangen aufschlitzen und waschen, gründlich abtrocknen und in Ringe schneiden. Die Paprikaschoten halbieren, von Stielansätzen, Kernen und Trennhäutchen befreien, waschen, abtrocknen und in feine Streifen schneiden.

2. Das Öl in einem breiten Topf erhitzen, das Hackfleisch darin unter Rühren krümelig anbraten. Den Knoblauch schälen und dazu pressen, Lauchringe und Paprikastreifen einrühren und leicht mit anbraten. Mit der Fleischbrühe ablöschen.

3. Die Tomaten mit ihrem Saft einrühren, die Tomaten zerdrücken. Mit Thymian, Salz, schwarzem Pfeffer, Paprikapulver und Cayennepfeffer herzhaft würzen, zugedeckt 20 Min. köcheln lassen.

4. Die Bohnen und den Mais in ein Sieb abgießen und mit kaltem Wasser abspülen, zum Hackfleischtopf geben. Alles noch 10 Min. kochen lassen, zuletzt herzhaft abschmecken.

⏱ Zubereitung: 40 Min.

⏱ Garzeit: 30 Min. | Pro Portion ca.: 450 kcal

Griechischer Gemüsetopf

Für 8 Portionen
1 große Fenchelknolle
300 g Möhren
1 Stange Lauch
150 g durchwachsener Räucher-speck
1 große Zwiebel
4 EL Olivenöl
2 Knoblauchzehen
2 l Gemüsebrühe
175 g griechische Reisnudeln
Salz, schwarzer Pfeffer
1 TL gemahlener Kreuzkümmel
1 Prise Zimtpulver
3 EL frische Thymianblättchen
200 g Manouri oder Schafkäse-Feta

Das lässt sich vorbereiten
Den Eintopf am Morgen zubereiten, nur kurz aufkochen lassen. Für die Party fertig garen.

1. Den Fenchel waschen und putzen, in Streifen schneiden. Die Möhren schälen und in Scheiben schneiden. Den Lauch putzen, aufschlitzen und waschen, in Ringe schneiden.

2. Den Speck klein würfeln, die Zwiebel schälen und ebenfalls klein würfeln. Das Öl in einem großen Topf erhitzen, den Speck darin knusprig ausbraten. Die Zwiebelwürfel dazugeben und mit anschwitzen. Den Knoblauch schälen und dazupressen.

3. Fenchel, Möhren und den Lauch einrühren, die Brühe angießen und aufkochen lassen. Die Reisnudeln einrühren und alles mit Salz, Pfeffer, Kreuzkümmel, Zimt und dem Thymian würzen. Den Eintopf zugedeckt 15 Min. köcheln lassen.

4. Manouri oder Feta klein würfeln oder zerbröckeln, zum Servieren auf den Eintopf streuen.

⏱ Zubereitung: 45 Min. | Pro Portion ca.: 300 kcal

Für 1 Backblech (16 Stück)
**450 g TK-Pizzateig (oder 400 g aus
dem Kühlregal oder 2 runde Teige)
1 kg Gemüsezwiebeln
150 g Räucherspeck
3 EL Olivenöl
1 EL frische Thymianblättchen
1/2 TL getrocknete zerbröselte
Chilischoten
Salz, schwarzer Pfeffer
750 g kleine säuerliche Äpfel (zum
Beispiel Cox Orange)
3 Eier, 400 g Schmand
30 g Sonnenblumenkerne
Fett für das Backblech**

Das lässt sich vorbereiten
Zwiebel-Apfel-Mischung am Vortag
zubereiten und kalt stellen.

Zwiebel-Apfel-Kuchen

1. Den Teig nach Packungsangabe auftauen lassen.

2. Inzwischen die Zwiebeln schälen und in dünne Ringe schneiden. Speck klein würfeln. Das Öl in einer breiten Pfanne leicht erhitzen, den Speck darin ausbraten. Die Zwiebeln bei mittlerer Hitze 10 Min. mitbraten, mit Thymian, Chili, Salz und Pfeffer würzen. Die Äpfel vierteln, schälen und entkernen, die Viertel in nicht zu dünne Spalten schneiden. Mit den warmen Zwiebeln mischen.

3. Den Backofen auf 200° vorheizen. Das Backblech fetten. Den Teig kurz gehen lassen und auf das Blech heben. Bis an den Rand ausziehen, einen gut 1 cm hohen Rand hochdrücken.

4. Die Eier mit dem Schmand verrühren und auf den Teig gießen. Apfel-Zwiebel-Mischung darauf verteilen, die Sonnenblumenkerne aufstreuen. Den Kuchen im Backofen (Mitte, Umluft 180°) 30 Min. backen.

⏱ Zubereitung: 45 Min.

⏱ Backzeit: 30 Min.　　　　Pro Portion ca.: 260 kcal

Für 12 Portionen
**125 g gegarte Putenbrust am Stück
(Reste oder gekaufter Aufschnitt)
1 kleine Zwiebel
1 kleine Möhre
1/2 gelbe Paprikaschote
1 Bund Basilikum
100 g geriebener Emmentaler
100 g Doppelrahm-Frischkäse
Salz, schwarzer Pfeffer
Cayennepfeffer
2 Dosen Hörnchen-Teig (je 200 g;
Kühlregal)**
Außerdem:
**Backpapier für das Blech
15 g geriebener Parmesan**

Das lässt sich vorbereiten
Die Füllung am Vortag mischen.

Saftiger Puten-Käse-Kranz

1. Backofen auf 225° vorheizen. Fleisch klein würfeln. Gemüse schälen bzw. waschen. Zwiebel fein würfeln. Möhre grob raspeln. Paprika putzen und fein würfeln. Basilikum waschen, trocknen und hacken.

2. Emmentaler mit Frischkäse verrühren, herzhaft mit Salz, schwarzem Pfeffer und Cayennepfeffer abschmecken. Basilikum, Gemüse und Fleisch unterrühren.

3. Den Teig aus den Dosen nehmen, auseinander rollen, in die Dreiecke teilen. Eine runde Schüssel mit knapp 10 cm Ø in die Mitte von einem großen Stück Backpapier stellen. Die Teig-Dreiecke so drumrum legen, dass die Spitzen nach außen zeigen und die breiten Seiten einander am Schüsselrand überlappen. Es entsteht ein großer Stern. Die Schüssel wegnehmen, die überlappenden Teigstücke flach drücken.

4. Die Füllung auf den breiten Teigstreifen verteilen. Die Spitzen über die Füllung legen und vorsichtig in der Mitte unter dem Teig durchziehen. (Die Füllung wird nicht ganz bedeckt.)

5. Das Backpapier mit dem Kranz vorsichtig auf ein Backblech heben oder ziehen. Mit Parmesan bestreuen, im Backofen (unten, Umluft 200°) in knapp 20 Min. goldbraun backen.

⏱ Zubereitung: 50 Min.

⏱ Backzeit: 20 Min.　　　　Pro Portion ca.: 130 kcal

Für 12 Portionen
Für den Hefeteig:
500 g Weizenmehl (Type 1050)
1 Päckchen Trockenhefe
1 Prise Zucker
1 TL Salz
50 g weiche Butter
etwa 1/4 l lauwarme Milch
1 Ei
Für die Füllung:
125 g Rundkornreis
Salz
5 Eier
150 g Rosinen
2 EL Zitronensaft
2 Zwiebeln
1 EL Öl
350 g gemischtes Hackfleisch
2 Knoblauchzehen
schwarzer Pfeffer
1 Bund glatte Petersilie
50 g Butter
Außerdem:
Mehl zum Bearbeiten
Backpapier für das Blech

Das lässt sich vorbereiten
Am Vortag backen und im Ofen aufwärmen. Oder Teig und Füllung am Vortag zubereiten und im Kühlschrank aufbewahren. Am Partytag die Pastete formen und backen.

Fleischpastete nach Tatarenart

1. Für den Hefeteig in einer Schüssel das Mehl mit Trockenhefe, Zucker und dem Salz mischen. Butter, Milch und das Ei dazugeben, alles zu einem glatten geschmeidigen Teig verkneten. Zugedeckt 1 Std. an einem warmen Ort aufgehen lassen.

2. Inzwischen für die Füllung den Reis in kochendem Salzwasser in knapp 20 Min. bissfest garen. In ein Sieb abgießen und gut abtropfen lassen. Die Eier anstechen und in kochendem Wasser in 10 Min. hart kochen. Etwas abkühlen lassen, dann pellen und hacken. Die Rosinen in einem Sieb mit warmem Wasser abspülen, abtropfen lassen. In einer Tasse mit dem Zitronensaft beträufeln.

3. Die Zwiebeln schälen und klein würfeln. Das Öl in einer Pfanne erhitzen, die Zwiebeln darin leicht anbraten. Das Hackfleisch mit anbraten, den Knoblauch schälen und dazupressen. Mit Salz und Pfeffer würzen, vom Herd nehmen. Die Petersilie waschen, abtrocknen und hacken, dazu geben. Die Butter zerlassen.

4. Den Hefeteig noch einmal durchkneten und in zwei ungleiche Portionen (etwa 2/5 zu 3/5) teilen. Die größere Portion auf leicht bemehlter Fläche zu einem etwa 30 cm großen Kreis ausrollen. Auf ein mit Backpapier belegtes Blech legen.

5. Die Hälfte der zerlassenen Butter unter den Reis mengen. Den Reis auf den Teigkreis geben, dabei einen 2 cm breiten Rand frei lassen.

Hackfleisch, Rosinen und die gehackten Eier darauf geben. Die restliche Butter darüber träufeln.

6. Den übrigen Teig ebenfalls zum 30 cm großen Kreis ausrollen. Über die Füllung legen, die Ränder mit einer Gabel fest zusammendrücken oder mit den Fingern dekorativ zusammendrücken. 15 Min. ruhen und aufgehen lassen. Inzwischen den Backofen auf 200° vorheizen.

7. Die Pastete im Backofen (Mitte, Umluft 180°) in 25 Min. goldbraun backen.

Info

Überall im russischen Kulturkreis sind Pasteten wie diese sehr beliebt. Mal werden sie wie hier als große Pastete gebacken, dann wieder in kleinen Portionspasteten. Kommt zusätzlich gesüßter gebratener Quark hinein, entsteht eine klassische Hochzeitspastete, ohne die keine tatarische Trauung denkbar ist.

⏱ Zubereitung: 1 Std. | ⏱ Ruhezeit: 1 Std. 15 Min.
⏱ Backzeit: 25 Min. | Pro Portion ca.: 420 kcal

Für 8 Portionen
2 Lauchstangen
Salz
400 g Nudeln
1 Gemüsezwiebel
75 g Butter
50 g Mehl
400 ml Milch
400 ml Hühnerbrühe
schwarzer Pfeffer
400 g gegartes Hähnchenfleisch am
Stück (Aufschnitt oder Reste vom
Grillhähnchen)
250 g geriebener Emmentaler
6 EL Semmelbrösel
1/2 Bund glatte Petersilie

Das lässt sich vorbereiten
Die Zutaten für den Auflauf einschichten, die Form zugedeckt kalt
stellen und den Auflauf für die Party
backen.

Nudelauflauf mit Lauch

1. Den Lauch putzen, aufschlitzen und gründlich waschen, in Rin-
ge schneiden. Reichlich Salzwasser in einem großen Topf aufkochen lassen. Die Nudeln darin nach Packungsangabe nur knapp bissfest garen, in den letzten 3 Min. den Lauch mitgaren.

2. Backofen auf 200° vorheizen. Zwiebel schälen und klein würfeln. 4 EL Butter in einem Topf zerlas-
sen, Zwiebel darin glasig braten. Das Mehl dazugeben und goldgelb anschwitzen, nach und nach Milch und Brühe unter ständigem Rühren dazugießen. Die Béchamelsauce mit Salz und Pfeffer würzen und 5 Min. köcheln lassen.

3. Nudeln und Lauch abgießen und gut abtropfen lassen. Das Hähnchenfleisch klein würfeln, alles in einer großen Schüssel mischen.

4. 6 EL Käse beiseite stellen, den Rest unter die Béchamelsauce rühren und schmelzen lassen. Dann die Sauce mit der Nudelmischung vermengen. In eine breite Auflaufform umfüllen, mit Semmelbröseln und dem restlichen Käse bestreuen. Die übrige Butter in Flöckchen darauf setzen. Den Auflauf im Ofen (Mitte, Umluft 180°) in 30 Min. goldbraun backen. Mit gehackter Petersilie bestreut servieren.

🕐 Zubereitung: 30 Min.

🕐 Gar- und Backzeit: 45 Min. | Pro Portion ca.: 660 kcal

Für 8 Portionen
Salz
6 Tomaten
400 g Spaghetti
60 g Butter
3 EL Mehl
1 Glas Fischfond (400 ml)
200 ml Gemüsebrühe
gemahlener Koriander
weißer Pfeffer
2 Bund Dill
16 geschälte Riesengarnelen
250 g Mozzarella
32 Papierförmchen

Das lässt sich vorbereiten
Am Vortag Spaghetti und die Dillsauce kochen sowie die Tomaten-
würfel vorbereiten. Den Rest erst am Partytag erledigen – möglichst nicht zu lange im Voraus.

Spaghettinester

1. Reichlich Salzwasser in einem großen Topf aufkochen lassen. Die Tomaten einritzen und für einige Sekunden hineinlegen. Die Spaghetti in dem Salzwasser nach Packungsangabe gerade eben bissfest garen. In ein Sieb abgießen und kalt abschrecken, damit sie nicht weiter garen. Gut abtropfen lassen.

2. Inzwischen die Tomaten häuten und ohne Kerne und Stielansät-
ze würfeln. Die Butter in einem Topf schmelzen lassen. Das Mehl darin goldgelb anschwitzen, nach und nach Fond und Brühe unterrühren. Mit Koriander, Salz und Pfeffer würzen

und 10 Min. köcheln lassen. Den Dill waschen, abtrocknen und hacken, unterrühren und herzhaft abschmecken.

3. Den Backofen auf 220° vorheizen. Je 2 Papierförmchen inein-
ander setzen. Die Spaghetti als Nester hineinlegen. Je 1 Garnele in die Nester geben. Die Dillsauce darüber träufeln, die Tomatenwürfel zwischen die Nester streuen. Den Mozzarella klein würfeln und über die anderen Zutaten streuen. Die Förmchen auf ein Backblech stellen und alles im Backofen (Mitte, Umluft 180°) 10–15 Min. überbacken.

🕐 Zubereitung: 45 Min.

🕐 Backzeit: 15 Min. | Pro Portion ca.: 405 kcal

Für 1 Springform von 26 cm Ø
(8 Portionen)
250 g Champignons
je 1 rote und gelbe Paprikaschote
1 Bund Frühlingszwiebeln
100 g durchwachsener Räucher-
speck
1 EL Olivenöl
Salz, schwarzer Pfeffer
4 Eier
75 g Weizenmehl (Type 1050)
25 g gemahlene Haselnusskerne
2 EL Semmelbrösel
150 g Gruyère, frisch gerieben
Olivenöl für die Form

Das lässt sich vorbereiten:
Den Kuchen am Vortag backen und
vor der Party wieder aufbacken.

Gemüsetorte mit Nussboden

1. Die Champignons putzen und in Scheiben schneiden. Paprika und Frühlingszwiebeln waschen und putzen. Paprika klein würfeln. Zwiebeln in dünne schräge Ringe schneiden.

2. Den Speck von Schwarte und Knorpeln befreien und klein würfeln. Das Öl in einer Pfanne erhitzen, den Speck darin knusprig ausbraten. Champignons und Frühlingszwiebeln dazugeben und alles bei schwacher Hitze 5–10 Min. braten, dabei die Feuchtigkeit verdampfen lassen. Vom Herd nehmen und mit Salz und Pfeffer würzen.

3. Inzwischen den Backofen auf 200° vorheizen. Die Form fetten.

Die Eier trennen. Die Eiweiße zu steifem Schnee schlagen. Die Eigelbe mit 2 EL warmem Wasser cremig aufschlagen, 1/2 TL Salz und etwas Pfeffer unterrühren. Den Eischnee darauf setzen. Das Mehl mit den Haselnüssen mischen und darüber streuen, alles vorsichtig vermengen. Den Teig in der vorbereiteten Form glatt streichen, den Boden im Backofen (Mitte, Umluft 180°) 10 Min. vorbacken.

4. Den Boden aus dem Ofen nehmen. Die Semmelbrösel auf den Teig streuen. 100 g Käse mit der Gemüsemischung vermengen, auf den Boden verteilen. Den restlichen Käse darauf streuen. Den Kuchen noch 20 Min. backen.

🕐 Zubereitung: 30 Min.

🕐 Backzeit: 30 Min.

Pro Portion ca.: 280 kcal

Für 1 Wähen- oder Springform von
30 cm Ø
(8 Portionen)
450 g TK-Hefeteig
250 g Schweizer Emmentaler
100 g roher Schinken
2 Eier
250 g Sahne
2 EL Mehl
Salz, schwarzer Pfeffer
1–2 TL Kümmel
Mehl zum Ausrollen
Fett für die Form

Käse-Schinken-Wähe

1. Den Hefeteig zugedeckt auftauen lassen und nach Packungsangabe ruhen lassen.

2. Die Form fetten. Die Teigplatten aufeinander legen und auf leicht bemehlter Fläche zu einem etwa 35 cm großen Kreis ausrollen. Die Form damit auskleiden, überstehenden Teig dabei zu einer Rolle formen und an den Rand der Form drücken, damit ein etwas dickerer Teigrand entsteht. Den Teigboden nach Packungsangabe ruhen lassen.

3. Inzwischen den Backofen auf 200° vorheizen. Den Emmentaler reiben, den Schinken fein würfeln. Die Eier mit der Sahne und dem Mehl glatt rühren, mit Salz, Pfeffer und Kümmel würzen. Den Käse und den Schinken untermischen.

4. Die Käsemischung auf den Teigboden geben und die Käsewähe im Backofen (Mitte, Umluft 180°) in 40 Min. goldbraun backen.

🕐 Zubereitung: 20 Min.

🕐 Backzeit: 40 Min.

🕐 Ruhezeit: 40 Min.

Pro Portion ca.: 440 kcal

Für 8 Portionen
2 Gemüsezwiebeln
2 EL Olivenöl
700 g gemischtes Hackfleisch
200 ml Fleischbrühe
4 EL Tomatenmark
Salz, schwarzer Pfeffer
1 EL getrockneter Thymian
1 Dose Maiskörner (300 g Inhalt)
1 Dose Kidneybohnen (400 g Inhalt)
1/2 Baguette vom Vortag
2 dicke Zucchini
4 Knoblauchzehen
6 EL Olivenöl
75 g geriebener Pizzakäse

Das lässt sich vorbereiten
Hackfleisch am Vortag zubereiten, vor dem Einfüllen aufwärmen. Brot- und Zucchinischeiben zugedeckt bereitstellen. Öl vorbereiten.

Mais-Hackfleisch-Auflauf

1. Die Zwiebeln schälen und klein würfeln. Das Öl in einem Topf erhitzen, die Zwiebeln darin goldgelb anbraten. Das Hackfleisch einrühren und krümelig anbraten, dann mit der Brühe ablöschen. Mit Tomatenmark, Salz, Pfeffer und Thymian würzen und offen 5 Min. garen. Mais und Bohnen in einem Sieb abspülen, unter das Hackfleisch mischen.

2. Den Backofen auf 200° vorheizen. Das Baguette in dünne Scheiben schneiden. Die Zucchini waschen und putzen. Die Mittelteile schräg in gleichmäßige dünne Scheiben schneiden. Den Rest der Zucchini klein würfeln und zum Hackfleisch geben.

3. Das Hackfleisch in eine breite hohe Auflaufform geben. Brot und Zucchini darauf schichten.

4. Den Knoblauch schälen und zerdrücken, mit Olivenöl, Salz und Pfeffer würzen. Über Brot und Zucchini träufeln oder streichen, den Käse darüber streuen. Im Ofen (Mitte, Umluft 180°) 25 Min. backen.

🕐 Zubereitung: 30 Min.

🕐 Backzeit: 25 Min. | Pro Portion ca.: 600 kcal

Für 8 Portionen
1 kg Brokkoli
1 Gemüsezwiebel
4 EL Olivenöl
Salz, schwarzer Pfeffer
1 Bund glatte Petersilie
2 Stängel Koriandergrün
650 g Joghurt
65 g Mehl
65 g gehackte Mandeln
1 TL gemahlener Kreuzkümmel
4 Eier

Das lässt sich vorbereiten
Brokkoli am Vortag zubereiten. Joghurtcreme vorbereiten, lediglich das Eiweiß getrennt kalt stellen und erst vor dem Fertigstellen steif schlagen und unter die Creme heben.

Brokkoliauflauf im Joghurtbett

1. Brokkoli waschen und mundgerecht zerteilen. Die Zwiebel schälen und klein würfeln. Das Öl in einem breiten großen Topf erhitzen, die Zwiebelwürfel darin goldgelb anbraten. Die Brokkolistiele dazugeben und kurz anbraten, mit 1/8 l Wasser ablöschen. Salzen und pfeffern und fest zugedeckt bei schwacher Hitze 5 Min. garen. Dann die Brokkoliröschen dazu geben, alles fest zugedeckt noch 5 Min. garen.

2. Den Backofen auf 200° vorheizen. Die Kräuter waschen und trockenschütteln, dann fein hacken. Mit Joghurt, Mehl, Mandeln und dem Kreuzkümmel verrühren. Die Eier trennen, die Eigelbe unter den Joghurt rühren. Die Eiweiße zu steifem Schnee schlagen und unterheben. Den Joghurt mit Salz, Pfeffer abschmecken.

3. Das Gemüse in eine breite Auflaufform (oder mehrere kleine Formen) umfüllen, den Joghurtschnee darüber verteilen. Den Auflauf im Ofen (Mitte, Umluft 180°) 30 Min. backen.

🕐 Zubereitung: 45 Min.

🕐 Backzeit: 30 Min. | Pro Portion ca.: 255 kcal

Für 8 Portionen
Für die Pfannkuchen:
4 Eier, 250 g Mehl
1/2 TL Salz, 350 ml Milch
150 ml Mineralwasser mit Kohlensäure
Für die Füllung:
3 Zwiebeln
4 EL Olivenöl
500 g gemischtes Hackfleisch
2 Dosen geschälte gehackte Tomaten (à 400 g)
Salz, Zitronenpfeffer
700 g TK-Blattspinat, aufgetaut
200 g Crème fraîche
1 Eigelb
200 g Fetakäse
Außerdem:
Butterschmalz zum Braten

Das lässt sich vorbereiten
Alles am Vortag herstellen. Für die Party einschichten und backen.

Pfannkuchen-Spinat-Torte

1. Für die Pfannkuchen die Zutaten verrühren.

2. Inzwischen für die Füllung die Zwiebeln schälen und fein würfeln. 2 EL Öl erhitzen, die Hälfte der Zwiebeln darin glasig braten. Hackfleisch krümelig anbraten, die Tomaten dazugeben. Mit Salz und Pfeffer würzen und bei mittlerer Hitze offen 10 Min. etwas einkochen lassen.

3. Gleichzeitig 2 EL Öl in einem Topf leicht erhitzen, restliche Zwiebeln darin glasig braten. Spinat darin aufkochen lassen. In einem Sieb gut ausdrücken, mit Salz, Pfeffer, Crème fraîche und Eigelb verrühren. Herzhaft abschmecken.

4. In einer Pfanne (22 cm Ø) in wenig Butterschmalz 8 dünne Pfannkuchen backen.

5. Backofen auf 200° vorheizen. 1 Pfannkuchen in eine runde Form (22 cm Ø) legen. Ein Viertel Spinat, dann 1 Pfannkuchen und ein Viertel Hackfleisch einschichten. Feta fein zerbröckeln, ein Viertel darüber streuen. Die übrigen Zutaten ebenso einschichten. Im Backofen (Mitte, Umluft 180°) 20 Min. backen.

🕐 Zubereitung: 45 Min.

🕐 Backzeit: 20 Min. | Pro Portion ca.: 580 kcal

Für 12 Portionen
200 g Möhren
500 g Brokkoli
Salz
125 g Schmand
3 Eigelb
schwarzer Pfeffer, Muskatnuss
1 Paket TK-Blätterteig (450 g)
40 g Butter
50 g Semmelbrösel
100 g geriebener Bergkäse
3 EL Sesamsamen
Außerdem:
Mehl zum Ausrollen
Backpapier für das Blech

Das lässt sich vorbereiten
Die Füllung am Vortag zubereiten.

Möhren-Brokkoli-Strudel

1. Gemüse waschen und putzen. Möhren klein würfeln. 100 g sehr kleine Brokkoliröschen beiseite legen, den Rest grob zerteilen. Etwas Salzwasser aufkochen lassen. Möhren darin 3 Min. zugedeckt garen, dann Brokkoliröschen 3 Min. mitgaren. Mit einem Schaumlöffel herausheben und gut abtropfen lassen.

2. Den übrigen Brokkoli in dem Wasser zugedeckt 10 Min. garen, in ein Sieb abgießen und etwas abkühlen lassen. Mit Schmand und Eigelben pürieren, mit Salz, Pfeffer und Muskat pikant abschmecken. Möhren und Brokkoliröschen unterrühren.

3. Backofen auf 200° vorheizen, ein Backblech mit Backpapier auslegen. Blätterteigplatten aufeinander legen und auf etwas Mehl 35 x 50 cm groß ausrollen. Butter zerlassen, die Hälfte auf den Teig streichen, mit Semmelbröseln bestreuen. Gemüsecreme und den Käse darüber verteilen, überall einen 3–4 cm breiten Rand frei lassen.

4. Den Teig von einer breiten Seite aus aufrollen, dabei die Schmalseiten nach innen einschlagen. Mit der Naht nach unten auf das Blech legen. Mit restlicher Butter bestreichen, mit Sesam bestreuen. Im Backofen (Mitte, Umluft 180°) in 40 Min. goldbraun backen.

🕐 Zubereitung: 1 Std.

🕐 Backzeit: 40 Min. | Pro Portion ca.: 290 kcal

Kühles für heiße Feste

Saucen, Dips und Salate

Wie im Restaurant: Zum Menüstart gibt's frisches Brot und etwas Feines zum Draufstreichen. So wird bereits das Warten auf den ersten Gang zum kulinarischen Vergnügen. Weil schlichte Butter dafür viel zu langweilig ist, bietet dieses Kapitel würzige Buttermischungen für jeden Geschmack. Und pikante Dips, Cremes und Salsas, die sich als Menüstart ebenso eignen wie fürs Büffet. Damit die Gäste mal hier tunken und mal dort dippen können. Am besten immer wieder. Vor oder nach dem Salat, für den ebenfalls eine Vielzahl an Rezepten für alle Gelegenheiten auf den nächsten Seiten steht.

Mexikanische Tomatensalsa

Für 8 Portionen
1 1/2 kg Fleischtomaten
2 rote Zwiebeln, 2 Knoblauchzehen
2 Chilischoten
Salz, schwarzer Pfeffer
Saft von 1 Limette
5 EL Olivenöl
1 Bund Koriandergrün

1. Die Tomaten über Kreuz einritzen, für einige Sekunden in kochendes Wasser legen. Herausheben und häuten, dann klein würfeln. Stielansätze und Kerne dabei entfernen.

2. Die Zwiebeln und den Knoblauch schälen, die Chilis entkernen, alles sehr fein hacken und mit den Tomaten mischen. Mit Salz, Pfeffer, Limettensaft und Öl verrühren. 1/2 Bund Koriandergrün hacken und einrühren, die Salsa zugedeckt mindestens 2 Std. kalt stellen.

3. Zum Servieren das restliche Koriandergrün grob hacken und darüber streuen.
Passt zu Nachos, Brot-Chips, rohem Gemüse, Nudeln.

⏱ Zubereitung: 30 Min.

⏱ Kühlzeit: 2 Std.   Pro Portion ca.: 70 kcal

Knoblauch-Oliven-Dip

Für 8 Portionen
4 EL gemahlene Mandeln
1 Zwiebel
4 Knoblauchzehen
150 g grüne, entsteinte Oliven
4 EL Olivenöl
200 g Doppelrahm-Frischkäse
60 g schwarze Oliven
Salz, schwarzer Pfeffer

1. Die Mandeln in einer Pfanne ohne Fett hell goldbraun rösten, dann in eine Schüssel umfüllen.

2. Die Zwiebel schälen und grob zerteilen, den Knoblauch schälen. Beides mit den grünen Oliven, dem Olivenöl und dem Frischkäse pürieren.

3. Die schwarzen Oliven entsteinen und klein würfeln, mit den Mandeln zur Olivencreme geben. Alles gründlich verrühren und mit Salz und Pfeffer herzhaft abschmecken.
Passt zu Fleisch, Fisch, Kartoffeln, als Brotaufstrich, als Dip für Paprika.

⏱ Zubereitung: 20 Min.

          Pro Portion ca.: 180 kcal

Tomaten mit Rucolacreme

Für 8 Portionen
2 Hand voll Rucola
50 g Walnusskerne, 250 g Ricotta
100 ml Olivenöl
Salz, weißer Pfeffer
1 kg Tomaten (möglichst Flaschentomaten)
50 g Parmesan am Stück

1. Rucola waschen und gut trockenschütteln. Einige Blättchen abzupfen und zum Garnieren beiseite legen, ebenso einige Walnusskerne.

2. Den restlichen Rucola mit den übrigen Walnüssen, Ricotta und dem Olivenöl pürieren. Mit Salz und Pfeffer abschmecken.

3. Die Tomaten waschen und abtrocknen, von den Stielansätzen befreien und in Scheiben schneiden. Gut die Hälfte der Rucolacreme auf eine Platte träufeln. Die Tomatenscheiben überlappend darauf auslegen, mit der übrigen Rucolacreme beträufeln. Vom Parmesan mit einem Sparschäler Späne abhobeln, auf den Salat streuen, mit den Rucolablättchen und Walnüssen garnieren.

◷ Zubereitung: 30 Min.

Pro Portion ca.: 210 kcal

Fruchtiger Hirse-Käse-Salat

Für 8 Portionen
1/2 l Gemüsebrühe, 250 g Hirse
je 300 g blaue und grüne Weintrauben
250 g Gruyère am Stück
1 Bund zarte Frühlingszwiebeln
75 ml Olivenöl
50 ml Aceto balsamico, 2 EL Zitronensaft
Salz, schwarzer Pfeffer, gemahlener Koriander

1. Die Brühe in einem Topf aufkochen lassen. Die Hirse hineinstreuen, zugedeckt bei ganz schwacher Hitze 15 Min. ausquellen lassen, dann in eine Schüssel umfüllen.

2. Inzwischen die Weintrauben waschen, halbieren und mit einem spitzen Messer entkernen. Den Käse 1 cm groß würfeln. Die Frühlingszwiebeln waschen, putzen und in sehr feine Ringe schneiden.

3. Die Hirse mit Öl, Essig und Zitronensaft verrühren. Trauben, Käse und Zwiebeln untermischen, alles mit Salz, Pfeffer und Koriander würzen und abschmecken. Zugedeckt 2 Std. durchziehen lassen.

◷ Zubereitung: 40 Min.

◷ Ruhezeit: 2 Std.

Pro Portion ca.: 360 kcal

Räucherfisch-Aufstrich

Für 8 Portionen
250 g Räucherfisch-Filets
weißer Pfeffer
1/2 TL gemahlener Koriander
1 EL Limettensaft
2 EL Doppelrahm-Frischkäse
100 g Sahne
einige Zweige frischer Dill
Salz

Das lässt sich vorbereiten
Am Vortag zubereiten, zugedeckt
kalt stellen.

1. Die Fischfilets häuten, grob zerteilen und mit Pfeffer, Koriander, Limettensaft und dem Frischkäse
im Mixer oder mit einem Pürierstab
pürieren.

2. Die Sahne steif schlagen und
unter die Creme heben. 2 Dill-
zweige waschen, abtrocknen und
hacken, unter die Creme ziehen. Mit
etwas Salz abschmecken, mit Dill gar-
niert servieren.
Passt als Brotaufstrich und Dip für
rohes Gemüse.

Variante

Die feine Säure, die einen schönen
Kontrast zum salzigen Fisch bil-
det, kann auch mit Kapern erzielt
werden. Dann den Limettensaft
weglassen, stattdessen 2–3 EL
möglichst kleine Kapern unter die
fertige Räucherfischcreme rühren.

🕙 Zubereitung: 20 Min. | Pro Portion ca.: 110 kcal

Debbies Frischkäse-Dip

Für 8 Portionen
600 g Doppelrahm-Frischkäse
200 g saure Sahne
**2 EL mexikanische Gewürzmi-
schung (z.B. Taco-Gewürz; s. Tipp)**
Salz
1/2 kleiner Eisbergsalat
100 g Cheddar oder Bergkäse
4 kleine feste Tomaten

Das lässt sich vorbereiten
Der Dip kann mehrere Std. im Voraus zubereitet werden. Bis zum Servieren zugedeckt kalt stellen.

1. In einer Schüssel den Frischkäse
mit der sauren Sahne glatt
rühren. Mit Gewürzmischung und Salz
abschmecken. Die Creme in eine breite
Schüssel geben und darin glatt streichen.

2. Den Eisbergsalat waschen, putzen und sehr gut trockenschütteln oder -schleudern. In feine Streifen
schneiden und über die Frischkäse-
Creme streuen.

3. Den Käse grob raspeln, über
den Eisbergsalat streuen. Die
Tomaten waschen und abtrocknen,
von Stielansätzen und Kernen befreien
und klein würfeln, über den Käse
streuen.
Passt zu Nachos und Brot-Chips.

Tipp

Mexikanische Gewürzmischungen
gibt's in den entsprechenden
Abteilungen gut sortierter Super-
märkte, meist in kleinen Tüten.
Wenn Sie keine bekommen, nehmen Sie 1 TL gemahlenen Kreuzkümmel, 1/2 TL Paprikapulver,
1/2 TL gemahlenen Koriander
sowie Salz und schwarzen oder
Cayennepfeffer.

Variante

Zusätzlich 100 g schwarze Oliven
entsteinen, fein würfeln und über
den Dip streuen.

🕙 Zubereitung: 20 Min. | Pro Portion ca.: 295 kcal

Avocadosauce

Für 8 Portionen
1 unbehandelte Zitrone
1 Limette
2 reife Avocados
1 Zwiebel
5 EL Brühe
Salz, schwarzer Pfeffer
einige Tropfen Tabasco

Das lässt sich vorbereiten
Die Avocadosauce erst kurz vorm Anrichten zubereiten – sie wird bald gräulich. Eventuell einen Avocadostein in die Creme legen, dadurch verzögert sich das Verfärben.

1. Die Zitrone und die Limette heiß abwaschen und gut trockenreiben. Etwas Schale fein abreiben, den Saft auspressen.

2. Die Avocados halbieren und entsteinen, das Fruchtfleisch aus den Schalen lösen und durch ein Sieb streichen oder pürieren. Sofort Zitronen- und Limettensaft sowie Zitronen- und Limettenschale unterrühren.

3. Die Zwiebel schälen und sehr fein würfeln, mit der Brühe unter die Avocadocreme rühren. Mit Salz, Pfeffer und Tabasco abschmecken.
Passt zu Paprika, Sellerie, Möhren, Baguette und Nachos.

Variante

Guacamole
Brühe und Tabasco weglassen. 100 g Tomatenwürfel sowie Würfel von 1–4 Chilischoten zugeben. Eventuell ein paar Löffel saure Sahne unterrühren.

🕐 Zubereitung: 15 Min. | Pro Portion ca.: 90 kcal

Paprika-Auberginen-Dip

Für 8 Portionen
2 rote Paprikaschoten
1 große Aubergine (400–500 g)
6 EL Olivenöl
1 Bund Frühlingszwiebeln
2 Stängel Koriandergrün
3 Knoblauchzehen
Salz, schwarzer Pfeffer
einige Tropfen Tabasco
Backpapier für das Blech

Das lässt sich vorbereiten
Den Dip am Vortag zubereiten, zugedeckt kalt stellen. Etwas frisches Koriandergrün zum Bestreuen ebenfalls in den Kühlschrank legen – am besten in einem kleinen Kunststoffbeutel.

1. Den Backofen auf 200° vorheizen. Das Backblech mit Backpapier auslegen. Paprika und Aubergine waschen und abtrocknen, die Aubergine mit einer Gabel mehrmals einstechen. Aubergine und Paprika mit etwas Öl bepinseln und auf das Blech setzen. Das Gemüse im Backofen (Mitte, Umluft 180°) 20 Min. backen. Die Paprika dann unter einem Tuch, die Aubergine offen auskühlen lassen.

2. Die Paprika schälen, halbieren und von Stielansatz, Kernen und Trennhäutchen befreien. Ebenso wie die Aubergine sehr fein hacken. Die Frühlingszwiebeln waschen, putzen und ebenfalls fein hacken. Alles in einer Schüssel mischen.

3. Das Koriandergrün kurz abspülen, abtrocknen und hacken. Den Knoblauch schälen und zerdrücken. Mit dem übrigen Öl zum Gemüse geben, alles mit Salz, Pfeffer und Tabasco pikant abschmecken. Den Dip mindestens 1 Std. bei Zimmertemperatur durchziehen lassen.
Passt zu rohem Gemüse, Kartoffeln, Pitta und Baguette.

🕐 Zubereitung: 25 Min. | 🕐 Ruhezeit: 1 Std.
🕐 Backzeit: 20 Min. | Pro Portion ca.: 90 kcal

Roter Linsendip

Für 8 Portionen
300 ml Gemüsebrühe
150 g rote Linsen
150 g Naturjoghurt
4 EL Olivenöl
1 Bund Schnittlauch
60 g Walnusskerne
Salz, schwarzer Pfeffer
Cayennepfeffer

Das lässt sich vorbereiten
Den Dip am Vortag zubereiten.
Zugedeckt in den Kühlschrank stellen.

1. Die Brühe in einem kleinen Topf aufkochen lassen. Die Linsen hineinstreuen und zugedeckt bei schwacher Hitze 10 Min. garen. Dann die Linsen samt Brühe nicht ganz glatt pürieren, mit dem Joghurt und dem Olivenöl glatt rühren.

2. Den Schnittlauch waschen, abtrocknen und in feine Röllchen schneiden. Die Walnusskerne fein hacken und mit dem Schnittlauch unter die Linsencreme rühren. Mit Salz, schwarzem Pfeffer und Cayennepfeffer pikant abschmecken. Passt zu Brot-Chips, Fladenbrot, rohem Gemüse.

Variante

Schneller Bohnendip
Weiße Bohnenkerne aus der Dose abtropfen lassen und mit einem Kartoffelstampfer fein zerdrücken. Frischkäse, geriebenen Parmesan, Olivenöl und fein gehackte getrocknete Tomaten einrühren, mit frischem Thymian, Salz und Pfeffer herzhaft abschmecken. Für eine scharfe Variante getrocknete zerbröselte Chilischoten dazugeben. Aber sparsam dosieren, sonst brennt's wie Feuer.

🕐 Zubereitung: 20 Min. | Pro Portion ca.: 175 kcal

Basilikum-Dip

Für 8 Portionen
3 Bund Basilikum
1/2 unbehandelte Zitrone
60 g Pinienkerne
500 g Ricotta
4 EL Olivenöl
Salz, weißer Pfeffer

Das lässt sich vorbereiten
Den Dip am Vorabend zubereiten, zugedeckt kalt stellen.

1. Das Basilikum waschen und abtrocknen, die Blättchen in feine Streifen schneiden oder hacken. Die Zitrone heiß abwaschen und abtrocknen, die Schale fein abreiben und den Saft auspressen.

2. Die Pinienkerne in einer beschichteten Pfanne ohne Fett goldbraun rösten. Fein hacken, mit Basilikum, Zitronensaft und -schale, Ricotta sowie Olivenöl verrühren, mit Salz und Pfeffer abschmecken. Passt zu Weißbrot, Grissini, Tomaten, Nudeln.

Varianten

Salsa Verde: 2 Bund Petersilie mit 1 kleinen Zwiebel und 1 Knoblauchzehe, 2 Sardellenfilets und 2 EL Kapern fein hacken. Alles mit 2 EL Weinessig, 2 EL Semmelbröseln, Salz und Pfeffer, 1/8 l Olivenöl vermengen.
Chimichurri: 1 Zwiebel, 2 Knoblauchzehen, 1 kleine rote Chilischote, 2 Bund glatte Petersilie und 2 Zweige Oregano sehr fein hacken, mit 5 EL Rotweinessig, 1/8 l würzigem Olivenöl, Salz und Pfeffer verrühren, 1–2 Std. durchziehen lassen.

🕐 Zubereitung: 10 Min. | Pro Portion ca.: 205 kcal

Buntes Butter-Trio

Für 8 Portionen
250 g weiche Butter
2 EL gehackte Mandeln
1 Knoblauchzehe
Cayennepfeffer
Salz
50 g geschälte gekochte Garnelen
Zitronenpfeffer
2 Frühlingszwiebeln
schwarzer Pfeffer
Paprikapulver, edelsüß

Das lässt sich vorbereiten
Die Buttermischungen am Vortag zubereiten.

1. Die Butter in drei Portionen teilen und in drei Schälchen geben.

2. Für eine Mandel-Butter die Mandeln in einer trockenen Pfanne ohne Fett goldbraun rösten. Mit einer der Butterportionen verrühren. Den Knoblauch schälen und dazupressen, mit etwas Cayennepfeffer und Salz abschmecken.

3. Für eine Garnelen-Butter die Garnelen fein hacken und mit der zweiten Butterportion verrühren. Mit Salz und Zitronenpfeffer abschmecken.

4. Für eine Zwiebel-Butter die Frühlingszwiebeln waschen und putzen, längs halbieren und in ganz feine Halbringe schneiden. Mit der dritten Butter-Portion verrühren, mit Salz, Pfeffer und Paprikapulver abschmecken. Zugedeckt kalt stellen.

Ideen für weitere Butter-Mischungen
Die Butter mischen mit:
verschiedenen gehackten Kräutern;
fein gehacktem, geröstetem Knoblauch;
abgeriebener Orangenschale und etwas Kurkuma oder Safran;
fein gehackten, in etwas Butter gebratenen Pilzen, etwa Egerlingen oder, für eine besondere Gelegenheit, Steinpilzen;
fein gehackten Walnüssen oder ungesalzenen Pistazien.

🕐 Zubereitung: 30 Min.

Pro Portion ca.: 225 kcal

Ananas-Salsa

Für 8 Portionen
1/2 reife Ananas
3 Knoblauchzehen
1 Bund zarte Frühlingszwiebeln
3 rote Chilischoten (s. Tipp)
1/2 kleine Limette
1/2 TL Salz, schwarzer Pfeffer
1/4 TL gemahlener Kreuzkümmel
1/4 TL Paprikapulver, edelsüß

Tipp

Die Schärfe sitzt bei Chilischoten hauptsächlich in den Trennhäutchen und den kleinen Kernen. Werden diese mit verwendet, werden die Speisen reichlich feurig. Milder wird's, wenn Trennhäutchen und Kerne entfernt werden.

1. Die Ananas schälen, vierteln und den harten Mittelstrunk entfernen. Von einem Viertel einige dünne Scheiben zum Anrichten abschneiden, den Rest grob zerteilen und im Mixer oder mit einem Pürierstab nicht zu fein zerkleinern.

2. Den Knoblauch schälen und zum Ananasfleisch drücken. Die Frühlingszwiebeln waschen und putzen, längs halbieren und quer in ganz feine Ringe schneiden. Die Chilischoten waschen und von den Stielansätzen befreien, nach Belieben zusätzlich entkernen (s. Tipp). Die Schoten dann fein hacken. Beides zur Ananas geben.

3. Die Limette heiß abwaschen und abtrocknen. Etwas Schale fein abreiben, den Saft auspressen. Beides ebenfalls zur Ananas geben. Alles mit Salz, Pfeffer, Kreuzkümmel und dem Paprikapulver würzen und gut vermengen. Zugedeckt mindestens 2 Std. durchziehen lassen, zum Servieren mit der beiseite gelegten Ananas anrichten.
Passt zu Fisch, Fleisch und Nachos.

Das lässt sich vorbereiten
Am Vortag zubereiten, gut zugedeckt kalt stellen.

🕐 Zubereitung: 20 Min.

🕐 Ruhezeit: 2 Std.

Pro Portion ca.: 25 kcal

Kartoffelcreme mit Oliven

Für 8 Portionen
300 g kleine, mehlig kochende
Kartoffeln
Salz
3 EL Schmand
2 EL Olivenöl
1 TL Kräuter der Provence in Öl
(Glas)
75 g grüne entsteinte Oliven
schwarzer Pfeffer

Das lässt sich vorbereiten
Die Creme am Vortag zubereiten,
zugedeckt kalt stellen.

1. Die Kartoffeln waschen und ungeschält in Salzwasser in 20 Min. gar kochen. Abgießen, schälen und noch heiß durch die Kartoffelpresse drücken.

2. Schmand, Olivenöl und die Kräuterpaste unter das Kartoffelpüree ziehen. Oliven bis auf ein paar fein würfeln und unterrühren. Mit Salz und Pfeffer herzhaft abschmecken.

3. Zum Servieren die Creme durchrühren und abschmecken. Mit den beiseite gelegten Oliven garnieren.
Passt als Brotaufstrich und Dip für rohes Gemüse.

Varianten

Rühren Sie unter das Kartoffelpüree beispielsweise gehackte Walnusskerne und Kerbel statt der provenzalischen Kräuter und der Oliven.
Ebenfalls lecker: Basilikum, geröstete gehackte Pinienkerne und fein gewürfelte getrocknete Tomaten. Fisch-Fans probieren zerpflückten Tunfisch aus der Dose und würzen alles mit Zitronenschale und Dill.

🕐 Zubereitung: 20 Min.

🕐 Garzeit: 20 Min.

Pro Portion ca.: 75 kcal

Pikanter Orangendip

Für 8 Portionen
250 g Möhren
1 EL Honig
2 kleine Orangen (davon 1 unbehandelt)
250 g Quark (20 % Fett)
1 kleine Chilischote
Salz, weißer Pfeffer
2 EL gehobelte Mandeln

Das lässt sich vorbereiten
Die Creme am Vortag zubereiten und zugedeckt kalt stellen.

1. Die Möhren waschen, putzen, schälen und würfeln. Den Honig in einem kleinen Topf leicht erwärmen, die Möhren darin wenden. 1 EL Wasser angießen, die Möhren fest (!) zugedeckt in 10–15 Min. weich dünsten.

2. Inzwischen die unbehandelte Orange heiß abwaschen und abtrocknen. Etwas Schale in feinen Spänen abziehen, den Rest fein abreiben. Beide Orangen filetieren, abtropfenden Saft dabei auffangen. Die Hälfte der Filets klein würfeln.

3. Die Möhren pürieren, etwas abkühlen lassen. Mit dem Quark verrühren. 2 EL Orangensaft, abgeriebene Orangenschale und die gewürfelten -filets unterrühren. Chili waschen, putzen und entkernen, fein hacken und unter die Creme rühren. Mit Salz und Pfeffer herzhaft würzen und zugedeckt mindestens 1 Std. kalt stellen.

4. Die Mandeln in einer Pfanne ohne Fett goldbraun rösten, mit den Orangenspänen und den Orangenfilets zum Anrichten verwenden. Passt zu rohem Gemüse, Fleisch und Fisch.

🕐 Zubereitung: 30 Min.

🕐 Kühlzeit: 1 Std.

Pro Portion ca.: 85 kcal

Für 8 Portionen
1 kleiner Apfel
1 EL Zitronensaft
100 g Naturjoghurt
3 EL Schmand
1 EL Apfeldicksaft
1 Kästchen Gartenkresse
Salz, weißer Pfeffer
1 große Salatgurke

Das lässt sich vorbereiten
Gurken schneiden und Dressing anrühren, zugedeckt kalt stellen.

Gurkensticks mit Apfeldressing

1. Den Apfel schälen, raspeln und in einer Schüssel mit Zitronensaft beträufeln. Den Joghurt mit Schmand und Apfeldicksaft dazugeben und glatt rühren.

2. Die Gartenkresse vom Beet schneiden, die Hälfte unter den Joghurt rühren, die Sauce mit Salz und Pfeffer abschmecken.

3. Die Gurke nach Belieben schälen oder heiß abwaschen, längs vierteln und in Stücke schneiden.

4. Die Gurken und die Kressesauce anrichten. Mit der restlichen Kresse bestreuen und zusätzlich etwas Pfeffer darüber mahlen.

Variante

Die Gurke in dünne Scheiben hobeln und mit dem Dressing als Salat anrichten.

⏱ Zubereitung: 20 Min. | Pro Portion ca.: 40 kcal

Für 8 Portionen
1,2 kg fest kochende Kartoffeln
Salz
1 Bund zarte Frühlingszwiebeln
1 Salatgurke
1 Bund Radieschen
200 g Naturjoghurt
2 EL Salatmayonnaise
2 EL weißer Aceto balsamico
schwarzer Pfeffer

Das lässt sich vorbereiten
Den Salat am Tag der Party zubereiten. Zwar übersteht er einige Std. auf dem Büffet nahezu ohne Qualitätsverlust, eine Ruhepause über Nacht jedoch bekommt ihm nicht so gut.

Kartoffelsalat mit Radieschendressing

1. Die Kartoffeln waschen, ungeschält in wenig Salzwasser in knapp 20 Min. gar kochen. Etwas abkühlen lassen, dann schälen und in nicht zu dünne Scheiben schneiden.

2. Die Frühlingszwiebeln waschen, putzen und in feine schräge Ringe schneiden. Die Salatgurke heiß abwaschen und gut trockenreiben, längs halbieren und entkernen. Die Hälften quer in Scheiben schneiden.

3. Die Radieschen waschen und putzen. Etwas Radieschengrün fein hacken. Einige Radieschen zum Garnieren beiseite legen, die restlichen hacken und in einer Schüssel mit gehacktem Radieschengrün, Joghurt, Salatmayonnaise und dem Essig gut verrühren. Mit Salz und Pfeffer herzhaft abschmecken.

4. In einer Servierschüssel die Kartoffeln vorsichtig mit Frühlingszwiebeln und Gurken mischen. Das Dressing darüber geben und nur leicht untermengen. Alles 2 Std. durchziehen lassen und zum Servieren mit Radieschen garnieren.

⏱ Zubereitung: 50 Min.
⏱ Zeit zum Ziehen: 2 Std. | Pro Portion ca.: 145 kcal

Für 8 Portionen
7 EL Olivenöl
3 EL Zitronensaft
5 EL Aceto balsamico
Salz, schwarzer Pfeffer
2 EL frische Thymianblättchen
1 Salatgurke
1 große Dose weiße Bohnenkerne
(800 g Inhalt)
125 g getrocknete, in Öl eingelegte
Tomaten
2 Kugeln Mozzarella (je 125 g)

Das lässt sich vorbereiten
Den Salat am Vortag oder Vormittag zubereiten – zugedeckt im Kühlschrank aufbewahren.

Toskanischer Bohnensalat

1. Aus Olivenöl, Zitronensaft, Balsamessig, Salz, schwarzem Pfeffer und Thymian mit einem Schneebesen ein Dressing anrühren.

2. Die Gurke schälen und längs halbieren, die Kerne mit einem Löffel herauskratzen, das Fruchtfleisch würfeln. Die Bohnen in ein Sieb abgießen, mit kaltem Wasser abspülen und gut abtropfen lassen. Die getrockneten Tomaten klein würfeln. Alles in dem Dressing wenden.

3. Den Mozzarella klein würfeln und unter den Salat mischen. Herzhaft abschmecken und zugedeckt 2 Std. durchziehen lassen.

Varianten

Klein gewürfeltes, gebratenes Hähnchen- oder Kaninchenfleisch unter den Salat mischen. Auch feine Salamischeiben passen gut.

🕐 Zubereitung: 20 Min.

🕐 Zeit zum Ziehen: 2 Std.

Pro Portion ca.: 295 kcal

Für 8 Portionen
400 g Ciabatta, 1–2 Tage alt
1/8 l Weinessig
500 g Tomaten
1 Salatgurke
1 Bund Frühlingszwiebeln
6 Zweige Rosmarin
6 Knoblauchzehen
1/8 l aromatisches Olivenöl
Salz, schwarzer Pfeffer
1/8 TL getrocknete zerbröselte
Chilischoten
1 großes Bund Basilikum
2 EL kleine Kapern

Das lässt sich vorbereiten
Den Salat am Morgen zubereiten.

Brotsalat mit Rosmarin

1. Den Backofen auf 150° vorheizen. Das Brot in Scheiben schneiden und auf ein Backblech legen, im Backofen (Mitte, Umluft 125°) in 15 Min. trocknen und leicht rösten. Aus dem Ofen nehmen, die Brotscheiben in eine breite Schüssel legen.

2. Den Essig mit 200 ml Wasser mischen und über die Brotscheiben träufeln. 30 Min. gut durchziehen lassen, das Brot zwischendurch umdrehen.

3. Inzwischen die Tomaten überbrühen, häuten, von den Stielansätzen befreien und entkernen, in Stücke schneiden. Die Gurke schälen, längs halbieren und in Scheiben schneiden. Die Frühlingszwiebeln waschen, putzen, in Ringe schneiden.

4. Den Rosmarin waschen und abtrocknen, die Nadeln abzupfen. Den Knoblauch schälen und in Scheiben schneiden. Das Öl in einer kleinen Pfanne nicht zu stark erhitzen, Rosmarin und Knoblauch darin 5 Min. rösten. Mit Salz, Pfeffer und Chili würzen. Vom Herd nehmen.

5. Das Brot in Stücke schneiden oder zupfen, mit Tomaten, Gurke und den Frühlingszwiebeln vermengen. Das Rosmarinöl darüber verteilen, alles noch 2 Std. durchziehen lassen.

6. Zum Servieren das Basilikum waschen, abtrocknen und die Blätter abzupfen. Die Blättchen sowie die Kapern unter den Salat mischen.

🕐 Zubereitung: 45 Min.

🕐 Zeit zum Ziehen: 2 1/2 Std.

Pro Portion ca.: 230 kcal

Für 8 Portionen
300 g Tortellini (mit Fleisch- oder Käsefüllung; Kühlregal)
Salz
5 kleine Zucchini
1 Aubergine
8 EL Olivenöl
2 Knoblauchzehen
schwarzer Pfeffer
40 g Pinienkerne
1 Bund Basilikum
200 g Gorgonzola
200 ml Milch

Das lässt sich vorbereiten
Der Salat lässt sich zugedeckt im Kühlschrank 4–6 Std. aufbewahren und kann entsprechend frühzeitig zubereitet werden.

Tortellinisalat

1. Die Tortellini in reichlich kochendem Salzwasser nach Packungsangabe garen. Dann in ein großes Sieb abgießen und unter kaltem Wasser abspülen, damit sie nicht weiter garen. Sehr gut abtropfen lassen und in eine Salatschüssel geben.

2. Inzwischen das Gemüse waschen und putzen. Zucchini und Aubergine längs halbieren oder vierteln und dann in 1/2 cm dicke Scheiben schneiden. 4 EL Olivenöl in einer breiten Pfanne nur leicht erhitzen. Den Knoblauch schälen und dazupressen. Nach und nach Gemüse anbraten, dabei mit Salz und Pfeffer würzen. Bei Bedarf noch Öl dazugeben. Gemüse aus der Pfanne nehmen und beiseite stellen.

3. Die Pinienkerne in einer trockenen Pfanne goldbraun rösten und zu den Tortellini geben. Das Basilikum waschen, mit Gemüse und Tortellini mischen.

4. Den Gorgonzola mit der Milch pürieren, mit Salz und Pfeffer abschmecken. Über den Salat träufeln.

⏱ Zubereitung: 40 Min. | Pro Portion ca.: 310 kcal

Für 8 Portionen
250 g chinesische Weizennudeln
Salz
1 rote Paprikaschote
1 kleiner Staudensellerie
1 Bund zarte Frühlingszwiebeln
4 Scheiben Ananas
40 g frischer Ingwer
5 EL Tomatenketchup
5 EL Reisessig
1 EL brauner Zucker
1 TL Sambal Manis
1 TL Fünf-Gewürze-Pulver
75 ml Öl (z. B. Sojaöl)
4 EL süße Sojasauce

Das lässt sich vorbereiten
Der Salat kann einige Std. vorher zubereitet werden, eine längere Ruhezeit schadet nicht.

Nudelsalat »Hongkong«

1. Die Nudeln nach Packungsangabe in reichlich Salzwasser garen, dann in ein Sieb abgießen und unter kaltem Wasser abkühlen, damit sie nicht weiter garen. Gut abtropfen lassen und – je nach Sorte – kleinschneiden.

2. Die Paprika halbieren, von Kernen, Trennhäutchen und Stielansatz befreien, waschen und in feine Streifen schneiden. Den Sellerie waschen, putzen und in ganz feine schräge Scheiben schneiden. Die Frühlingszwiebeln waschen, putzen und ebenfalls in dünne schräge Scheiben (Ringe) schneiden.

3. Die Ananasscheiben schälen und klein würfeln, dabei vom harten Mittelstrunk befreien. Alle Zutaten mischen.

4. Den Ingwer schälen und fein hacken, mit Ketchup, Essig, Zucker, Sambal Manis, Fünf-Gewürze-Pulver, Öl und Sojasauce verrühren. Über die anderen Zutaten geben und alles vorsichtig vermengen.

Variante

Zusätzlich 400 g klein gewürfeltes, in Öl goldbraun gebratenes und mit Fünf-Gewürze-Pulver gewürztes Hähnchenfleisch unter den Salat mischen.

⏱ Zubereitung: 30 Min. | Pro Portion ca.: 210 kcal

Für 8 Portionen
3 Paprikaschoten
1 Bund Frühlingszwiebeln
1 Fenchelknolle
3 kleine, schmale Zucchini (etwa 250 g)
2 kleine Möhren (etwa 200 g)
200 g kleine Champignons
Salz
1/8 l kalt gepresstes Olivenöl
schwarzer Pfeffer
6 Knoblauchzehen
1/2 Bund Thymian
7 EL Aceto balsamico
2 EL Zitronensaft
1 EL flüssiger Honig
50 g Pinienkerne

Das lässt sich vorbereiten
Das Gemüse in einer Schüssel mit der Marinade beträufeln und zugedeckt über Nacht in den Kühlschrank stellen. Auch die Pinienkerne bereits am Vortag rösten. Am nächsten Tag das Gemüse frühzeitig herausnehmen (das Ei kann durch die Kälte leicht flockig sein) und dekorativ anrichten.

Mariniertes Gemüse

1. Den Backofen auf 250° vorheizen. Die Paprika putzen und halbieren. Die Hälften dann waschen und mit den Rundungen nach oben auf ein Backblech legen. In den Backofen (oben, Umluft 225°) stellen und die Schoten 10–15 Min. backen, bis ihre Haut schwarz ist und Blasen hat. Die Paprika mit einem feuchten Tuch bedecken und etwas abkühlen lassen. Die Haut abziehen und Paprika in 2–3 cm breite Streifen schneiden.

2. Inzwischen die Frühlingszwiebeln waschen, putzen und in 5 cm lange Stücke schneiden. Den Fenchel waschen, putzen und in Streifen schneiden. Die Zucchini und die Möhren waschen und putzen, in 1/2 cm dicke, sehr schräge Scheiben schneiden. Die Champignons putzen und kurz waschen oder mit einem feuchten Tuch abreiben.

3. Etwas Salzwasser in einem Topf aufkochen lassen. Die Zwiebeln darin 1/2 Minute kochen lassen, dann mit einem Schaumlöffel herausheben und in ein Sieb geben. Mit kaltem Wasser abbrausen und gut abtropfen lassen.

4. Den Fenchel und die Möhren in das Wasser geben und 2 Min. kochen lassen, dann in ein Sieb abgießen, kalt abbrausen und ebenfalls gut abtropfen lassen.

5. 4 EL Olivenöl in einer breiten beschichteten Pfanne erhitzen. Zucchini und Pilze darin unter Rühren 3 Min. braten. Mit Salz und Pfeffer würzen, vom Herd nehmen.

6. Den Knoblauch schälen und zerdrücken. Den Thymian waschen, abtrocknen und die Blättchen von den Stielen streifen. Beides mit dem restlichen Olivenöl, Essig, Zitronensaft, Honig, Salz und Pfeffer verrühren und herzhaft abschmecken.

7. Das Gemüse auf einer tiefen Servierplatte anrichten und mit der Marinade beträufeln, zugedeckt mindestens 4 Std. ziehen lassen. Zum Servieren die Pinienkerne in einer trockenen Pfanne goldbraun rösten und obenauf streuen.

Variante

Gemüse vom Titelfoto
Paprikaschoten und Frühlingszwiebeln waschen, putzen und in Stücke schneiden. Schalotten und Knoblauch schälen, Knoblauch in Scheiben schneiden. Alles in Olivenöl anbraten, mit kleingeschnittener Chilischote und weißem Aceto balsamico würzen. Cocktailtomaten an der Rispe ebenfalls kurz anbraten und dazulegen.

🕐 Zubereitung: 1 Std.

🕐 Marinierzeit: 4 Std.

Pro Portion ca.: 195 kcal

Für 8 Portionen
Für den Salat:
6 hart gekochte Eier
1 Bund Frühlingszwiebeln
1 Salatgurke
3 säuerliche Äpfel
3 EL Zitronensaft
300 g kleine feste Tomaten
300 g gekochter Schinken
150 g Mungobohnenkeime
1 Dose Mandarinen (312 g Inhalt)
1 Dose Maiskörner (300 g Inhalt)
Für das Dressing:
400 g Naturjoghurt
4 EL Salat-Mayonnaise
4 EL Mandarinensaft (Dose)
300 g saure Sahne
1 EL Currypulver
Salz, schwarzer Pfeffer
Außerdem:
75 g Cashewkerne

Das lässt sich vorbereiten
Den Salat am Vortag zubereiten –
er sollte mehrere Std. ziehen.

Curry-Schichtsalat

1. Die Eier pellen und in Scheiben schneiden. Frühlingszwiebeln waschen und putzen, in feine Ringe schneiden. Gurke schälen, halbieren und entkernen, in Scheiben schneiden. Äpfel waschen, vierteln und entkernen, in Spalten schneiden und sofort mit dem Zitronensaft beträufeln.

2. Die Tomaten waschen und ohne die Stielansätze vierteln oder in Scheiben schneiden. Den Schinken kleiner schneiden. Mungobohnen in einem Sieb kalt abbrausen und abtropfen lassen. Mandarinen und Mais in einem Sieb abtropfen lassen, Mandarinensaft auffangen.

3. Für das Dressing Joghurt mit Mayonnaise, 4 EL Mandarinensaft, saurer Sahne und Curry verrühren, mit Salz und Pfeffer pikant abschmecken.

4. Alle Zutaten in eine große Schüssel (möglichst aus Glas; etwa 4 l Inhalt) schichten. Dressing einmal in der Mitte und einmal als letzte Schicht hineingeben. Zugedeckt 12 Std. im Kühlschrank durchziehen lassen.

5. Die Cashewkerne rösten, eventuell grob hacken, zum Servieren über den Salat streuen.

⏱ Zubereitung: 40 Min.

⏱ Zeit zum Ziehen: 12 Std. | Pro Portion ca.: 505 kcal

Für 8 Portionen
2 Bund Frühlingszwiebeln
4 EL Öl
400 g Langkornreis
800 ml Fleischbrühe
2 Dosen Kidneybohnen (à 400 g Inhalt)
4 rote Chilischoten
400 g gemischtes Hackfleisch
Salz, schwarzer Pfeffer
Für das Dressing:
2 Avocados
500 g Naturjoghurt
Saft von 1 Limette
Tabasco
2 Stängel Koriandergrün

Das lässt sich vorbereiten
Den Salat ohne das Dressing am Vortag zubereiten. Das Dressing frisch zubereiten, die Avocadocreme verfärbt sich.

Reissalat mexikanische Art

1. Die Frühlingszwiebeln waschen, putzen und in feine Ringe schneiden. 2 EL Öl in einem großen Topf leicht erhitzen, die weißen Zwiebelteile darin anschwitzen. Den Reis dazugeben und kurz mit anschwitzen, mit der Brühe ablöschen. Aufkochen lassen, fest zugedeckt bei schwacher Hitze gut 15 Min. garen. Abgießen, in eine große Schüssel geben.

2. Die Bohnen abgießen, kalt abspülen und gut abtropfen lassen, mit dem Reis mischen. Die grünen Zwiebelringe dazugeben.

3. Chilischoten putzen und aufschlitzen, Kerne und Stielansätze entfernen, die Schoten in ganz feine Ringe schneiden. 2 EL Öl in einer Pfanne erhitzen. Das Hackfleisch grob zerpflücken und 5 Min. in der Pfanne scharf anbraten, es soll grob-krümelig bleiben. Chili nach dem ersten Anbraten dazugeben. Mit Salz und Pfeffer würzen und etwas abkühlen lassen, dann mit dem Reis mischen.

4. Die Avocados halbieren, die Steine entfernen. Das Fruchtfleisch aus der Schale lösen und mit dem Joghurt und dem Limettensaft pürieren. Mit Salz, Pfeffer und Tabasco abschmecken. Über den Salat träufeln und leicht damit vermengen. Das Koriandergrün waschen, abtrocknen, grob hacken und darüber streuen.

⏱ Zubereitung: 45 Min. | Pro Portion ca.: 815 kcal

Gemischter Salat

Für 8 Portionen
1 Radicchio
2 Stauden Chicorée
1 kleiner Friséesalat
250 g Kirschtomaten
250 g Mozzarella-Bällchen
100 g Schalotten
1 TL mittelscharfer Senf
Salz, schwarzer Pfeffer
4 EL Weinessig
6 EL neutrales Öl
6 EL Kürbiskernöl
4 EL Kürbiskerne

Das lässt sich vorbereiten
Kirschtomaten und Mozzarella vorbereiten, zugedeckt beiseite stellen. Das Dressing anrühren, vor dem Verwenden aufschlagen.

1. Radicchio, Chicorée und den Friséesalat waschen und putzen, gut trockenschütteln und mundgerecht zerteilen. In einer Schüssel mischen oder auf einer Salatplatte dekorativ ausbreiten.

2. Die Kirschtomaten waschen, die Mozzarella-Bällchen abtropfen lassen. Beides eventuell kleiner schneiden und auf dem Salatbett verteilen.

3. Die Schalotten schälen und fein würfeln. Mit Senf, Salz, Pfeffer und dem Weinessig verrühren. Nach und nach beide Ölsorten mit einem Schneebesen darunter schlagen. Das Dressing abschmecken und gleichmäßig über den Salat verteilen. Zuletzt die Kürbiskerne darüber streuen.

Tipp

Für ein Menü können Sie alle Blattsalate verwenden.
Für ein Party-Büffet sollten Sie nur solche Salate nehmen, deren Blätter einige Std. überstehen, ohne schlapp zu machen.

🕐 Zubereitung: 30 Min.   Pro Portion ca.: 240 kcal

Melonen mit Schinken

Für 8 Portionen
1 große Zuckermelone (z. B. Ogen-, Netz- oder Charantais-Melone)
1 kleiner Kopf Eisbergsalat
1 Hand voll Rucola
200 g geräucherter Schinken in dünnen Scheiben
1 unbehandelte Zitrone
400 g Sahne
1 Prise gemahlener Koriander
Salz, schwarzer Pfeffer

1. Die Melone vierteln, Fasern und Kerne entfernen. Die Viertel nochmals in Schiffchen schneiden. Eisbergsalat und Rucola waschen, gut trockenschütteln. Salat in Streifen schneiden. Den Schinken halbieren.

2. Die Zitrone heiß abwaschen und abtrocknen. Die Schale fein abreiben, 2–3 EL Saft auspressen.

3. Die Sahne halb steif schlagen, mit Koriander, Salz und Pfeffer würzen. Zitronenschale und den Zitronensaft unterrühren, abschmecken.

4. Eisbergsalat und Rucola auf einer Platte auslegen, die Melonen darauf stellen. Schinkenstreifen locker darauf geben. Das Dressing dazugeben.

Variante

Melonensalat
Das Melonenfleisch mit einem Kugelausstecher herauslösen. Oder das Fruchtfleisch aus der Schale lösen und würfeln. Salat auf einer Platte anrichten, Schinken und Melone darauf verteilen. Das Dressing dazu stellen.

🕐 Zubereitung: 20 Min.   Pro Portion ca.: 290 kcal

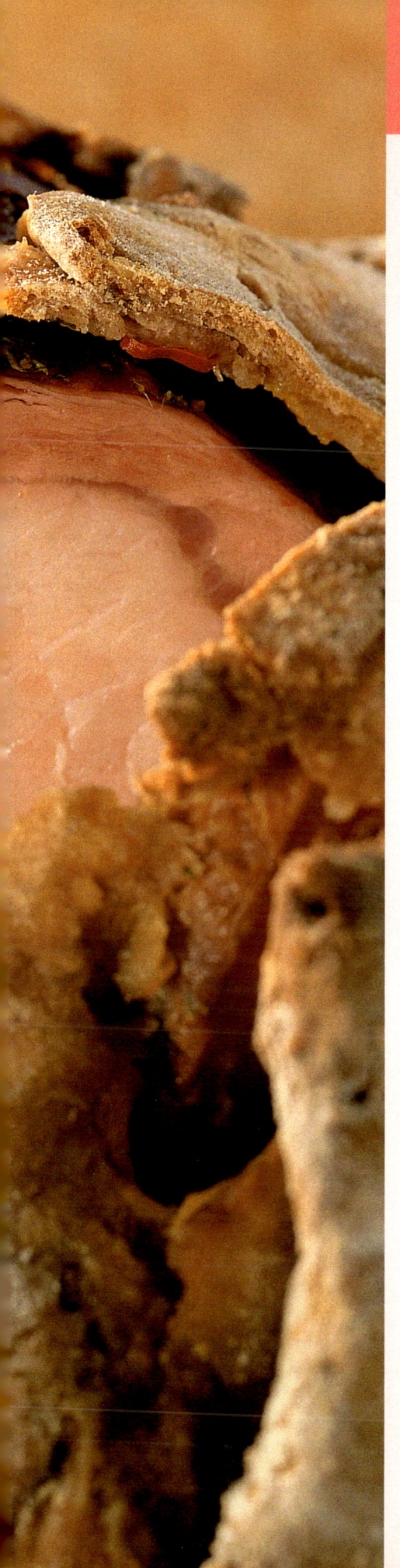

Licht aus –
Spot an

Fisch & Fleisch

Meist bilden sie den Mittelpunkt eines Menüs oder Büffets. Die Rede ist von kleinen Fischen und großen Braten, von großen Fischen und kleinen Braten – ganz nach Belieben.

Wichtig für jeden Gastgeber: Alles muss sich gut vorbereiten lassen. Steaks à la Minute sind ungeeignet, der Rollbraten hingegen wartet unbeschadet im Ofen auf seinen Auftritt. Schnitzel aus der Pfanne sind nur für wenige Portionen machbar, Steaks vom Blech kommen auch für eine größere Gästeschar saftig daher. Eine Vielzahl an garantiert partytauglichen Rezepten bietet das folgende Kapitel.

Puszta-Hackbraten

Für 8 Portionen
1 große Zwiebel
2 Knoblauchzehen
je 1 rote und grüne Paprikaschote
2 EL Öl
1 kg gemischtes Hackfleisch
3 Eier
Salz, schwarzer Pfeffer
1 EL getrockneter Oregano

1. Die Zwiebel und den Knoblauch schälen und fein würfeln. Die Paprika putzen und waschen, in knapp 1 cm große Würfel schneiden.

2. 1 EL Öl in einer Pfanne erhitzen, die Gemüsemischung darin unter Rühren 5 Min. anschwitzen, etwas abkühlen lassen.

3. Den Backofen auf 200° vorheizen. Das Hackfleisch mit den Eiern, der Gemüsemischung, Salz, Pfeffer und dem Oregano gründlich vermischen. Zu einem länglichen Laib formen. Den Bräter mit dem restlichen Öl fetten, Hackbraten hineinlegen. Im Backofen (Mitte, Umluft 180°) 1 Std. braten. Abkühlen lassen.

○ Zubereitung: 30 Min.

○ Garzeit: 1 Std.   Pro Portion ca.: 385 kcal

Curry-Ingwer-Kasseler

Für 8 Portionen
1,4 kg Kasselerkotelett am Stück mit Knochen
40 g Ingwer, 75 g Backpflaumen
75 g getrocknete Aprikosen
3 EL Currypulver, 4 EL Sojasauce
Bratschlauch

1. Den Backofen auf 200° vorheizen. Das Fleisch waschen und abtrocknen. Der Länge nach von beiden Seiten mit einem Kochlöffelstiel durchbohren. Den Ingwer schälen und fein hacken. Die Backpflaumen waschen und entsteinen, die Aprikosen waschen. Den Ingwer und die Früchte in das Loch im Fleisch stopfen.

2. Das Fleisch rundherum mit reichlich Curry einreiben. In ein ausreichend großes Stück Bratschlauch geben, die Sojasauce angießen. Den Bratschlauch auf beiden Seiten mit einem Clip aus der Packung verschließen, oben mit einer Nadel einige Male einstechen. Im Backofen (unten, Umluft 180°) 1 Std. garen. Abkühlen lassen, zum Servieren in Scheiben schneiden und dabei vom Knochen lösen.

Das lässt sich vorbereiten
Den Braten am Vortag garen. Aus dem Bratschlauch nehmen und nach dem Abkühlen zugedeckt kalt stellen.

○ Zubereitung: 30 Min.

○ Garzeit: 1 Std.   Pro Portion ca.: 360 kcal

Fruchtiges Fischcurry

Für 8 Portionen
1 kg Fischfilet (z.B. Rotbarsch)
4 Knoblauchzehen
2 Bund Frühlingszwiebeln
4 Scheiben frische Ananas
2 EL Öl
50 g Cashewkerne
200 ml Fischfond (Glas)
1 Dose Kokosmilch (400 ml)
1 EL Currypaste (Asienshop)
1 Dose Maiskölbchen (400 g Inhalt)
Sojasauce

1. Fischfilet abwaschen und abtrocknen. Knoblauch schälen und zerdrücken, den Fisch damit einreiben, dann grob würfeln. Die Frühlingszwiebeln waschen, putzen und in schräge Ringe schneiden. Die Ananas schälen und würfeln.

2. Das Öl in einem Wok erhitzen, Cashewkerne darin anrösten. Zwiebeln mit anbraten, dann den Fisch. Fond und Kokosmilch angießen, Currypaste, Ananas und Maiskölbchen vorsichtig einrühren, damit der Fisch nicht zerfällt. Alles bei mittlerer Hitze 5 Min. garen. Mit Sojasauce abschmecken.

🕐 Zubereitung: 30 Min.

Pro Portion ca.: 275 kcal

Tunfisch vom Blech

Für 8 Portionen
8 Tunfisch-Filets (à etwa 175 g)
4 EL Limettensaft
Salz, weißer Pfeffer
2 große Dosen geschälte Tomaten (à 800 g)
6 Knoblauchzehen
120 g grüne entsteinte Oliven
2 EL getrockneter Thymian

1. Den Backofen auf 200° vorheizen. Den Tunfisch kalt abwaschen und abtrocknen. Rundherum mit Limettensaft, Salz und Pfeffer einreiben.

2. 1 Dose Tomaten abtropfen lassen, Tomaten auf ein tiefes Backblech geben, den Saft anderweitig verwenden. Die Tomaten der zweiten Dose mit dem Saft auf das Blech geben. Die Tomaten zerdrücken. Den Knoblauch schälen und dazupressen, die Oliven untermengen. Alles mit Thymian, Salz und Pfeffer würzen und verrühren. Im Ofen (Mitte, Umluft 180°) 15 Min. garen.

3. Die Tomatensauce umrühren. Die Tunfisch-Filets auf dem Blech verteilen und alles im Ofen in 10 Min. garen.

🕐 Zubereitung: 40 Min.

Pro Portion ca.: 460 kcal

Für 8 Portionen

600 g Salzwasser-Fischfilet (Barben, Brassen, Tunfisch, Seewolf)
Zitronensaft
Salz, weißer Pfeffer
je 1 grüne, gelbe und rote Paprikaschote
2 Zucchini, 1 Aubergine
2 Zwiebeln
10 EL Olivenöl
4 Knoblauchzehen
1 große Dose geschälte Tomaten (800 g)
2 EL gemischte getrocknete Kräuter der Provence
1 Prise gemahlener Safran
2 Baguettebrötchen
250 g Mozzarella
250 g geschälte gekochte Garnelen

Das lässt sich vorbereiten
Das Gemüse am Vortag kochen, zugedeckt kalt stellen.

Mittelmeer-Fischauflauf

1. Die Fischfilets kalt abbrausen, abtrocknen und mit Zitronensaft beträufeln, salzen und pfeffern. Zugedeckt kalt stellen.

2. Gemüse waschen, putzen und klein würfeln. Die Zwiebeln schälen und klein würfeln.

3. 5 EL Öl in einem Topf erhitzen, die Zwiebeln darin glasig braten. Den Knoblauch schälen und dazupressen, dann das Gemüse einrühren. Die Tomaten dazugeben und zerdrücken, mit Salz, Pfeffer, Kräutern und Safran würzen. Alles offen bei mittlerer Hitze 15 Min. köcheln lassen.

4. Inzwischen den Backofen auf 175° vorheizen. Die Brötchen in Scheiben schneiden und würfeln. In einer breiten beschichteten Pfanne Olivenöl leicht erhitzen, Würfel darin goldgelb anbraten. Mozzarella würfeln.

5. Das Gemüse abschmecken und in eine breite Auflaufform geben. Die Garnelen abbrausen und untermengen. Die Fischfilets darauf legen, Brötchenwürfel und Mazzorella darüber streuen. Den Auflauf im Backofen (Mitte, Umluft 160°) 25 Min. backen.

🕐 Zubereitung: 45 Min.
🕐 Backzeit: 25 Min.

Pro Portion ca.: 420 kcal

Für 8 Portionen

2 Limetten
3 Orangen, davon 1 unbehandelt
6 EL Olivenöl
Salz, weißer Pfeffer
1 Knoblauchzehe
8 Stücke Lachsfilet (à 100–150 g; frisch oder TK)
2 Bund Frühlingszwiebeln

Das lässt sich vorbereiten
Fischfilets marinieren und bis zu 12 Std. kalt stellen. Vor der Party oder dem Essen Zutaten einschichten und garen.

Lachs mit Zitrussauce

1. Limetten und Orangen heiß abwaschen und abtrocknen. Jeweils etwas Schale abreiben, den Saft auspressen. Beides mit Olivenöl, Salz und Pfeffer verrühren. Den Knoblauch schälen und dazupressen.

2. Die Lachsfilets kalt abwaschen und abtrocknen, in der Zitrusmarinade wenden und zugedeckt mindestens 1 Std. im Kühlschrank durchziehen lassen.

3. Den Backofen auf 200° vorheizen. Die Frühlingszwiebeln waschen, putzen und in feine Ringe schneiden. Einige grüne Zwiebelringe beiseite legen, die restlichen in eine breite gerade Auflaufform geben. Die Lachsfilets nebeneinander darauf legen, die Marinade darüber verteilen.

4. Den Fisch im Backofen (Mitte, Umluft 180°) 10–15 Min. (je nach Dicke der Filets) garen. Die beiseite gelegten Frühlingszwiebelringe aufstreuen.

🕐 Zubereitung: 30 Min.
🕐 Marinierzeit: 1 Std.

Pro Portion ca.: 345 kcal

Puten-Enchiladas

Für 8 Portionen
1 Zwiebel, 3 EL Öl
1 EL Mehl
1 große Dose geschälte Tomaten (800 g)
3 kleine rote Chilischoten
Salz, schwarzer Pfeffer
1 TL gemahlener Kreuzkümmel
1 TL getrockneter Thymian
1 Dose Kidneybohnen (400 g Inhalt)
400 g Putenschnitzel
125 g Cheddarkäse
8 Tortillas (Fertigprodukt)

Das lässt sich vorbereiten
Am Vortag die Gemüsesauce kochen und den Käse raspeln. Zugedeckt kalt stellen.

1. Die Zwiebel schälen und klein würfeln. 1 EL Öl leicht erhitzen, die Zwiebelwürfel darin glasig braten. Das Mehl darüber stäuben und ganz kurz anschwitzen, dann die Tomaten dazugeben. Die Tomaten zerdrücken und die Sauce köcheln lassen.

2. Die Chilischoten aufschlitzen, entkernen und waschen, dann hacken und unter die Tomatensauce rühren. Die Sauce mit Salz, Pfeffer, Kreuzkümmel und Thymian würzen. Die Bohnen in ein Sieb geben und kalt abspülen, zu den Tomaten geben. Die Sauce bei mittlerer Hitze leicht cremig einkochen lassen.

3. Das Fleisch kalt abwaschen und abtrocknen, salzen und pfeffern. Das restliche Öl in einer Pfanne erhitzen, die Schnitzel darin von jeder Seite 3 Min. scharf braten. Aus der Pfanne nehmen und in lange, sehr schmale Streifen schneiden.

4. Den Backofen auf 200° vorheizen. Den Käse grob raspeln. Den Boden einer flachen eckigen Auflaufform mit gut einem Drittel der Tomatensauce bedecken.

5. Die Tortillas ausbreiten und mit Tomatensauce bestreichen, mit Fleisch belegen, aufrollen und in die Form legen. Die restliche Tomatensauce darüber verteilen, den Käse aufstreuen. Tortillas im Backofen (Mitte, Umluft 180°) in 20 Min. goldgelb überbacken.

Varianten

Die Füllung kann man vielfältig abwandeln.

Käse-Enchiladas: 50 g geriebenen Cheddarkäse mit 200 g Frischkäse und feinen Ringen von 1 Bund Frühlingszwiebeln verrühren, mit Oregano, Salz und Pfeffer abschmecken.

Gemüse-Enchiladas: 1 klein gewürfelte Zwiebel in etwas Öl anbraten, feine Würfel von 1 Paprika, 1 Zucchino und 2 Knoblauchzehen mit anbraten. Je 1 kleine Dose Maiskörner und Kidneybohnen dazugeben, mit Kreuzkümmel, Oregano, Salz, Pfeffer und Tabasco kräftig würzen.

Tunfisch-Enchiladas: 1 Dose Tunfisch in Öl zerpflücken, mit 1 Bund Frühlingszwiebeln in feinen Ringen, etwas fein geschnittenem Eisbergsalat, 1 klein gewürfelten Paprika, gehacktem Knoblauch, 50 g geriebenem Käse, Oregano, Salz und Pfeffer mischen.

Italo-Enchiladas: 2 fein gehackte Schalotten, 100 g geriebenen Mozzarella, 100 g fein geschnittenen Parmaschinken, gehacktes Basilikum, 30 g geröstete Pinienkerne, 1 Hand voll Rucola, Salz, Pfeffer und getrockneten Thymian mischen.

🕐 Zubereitung: 45 Min.

🕐 Backzeit: 20 Min.

Pro Portion ca.: 295 kcal

Scharfe Kokos-Hähnchen-schenkel

Für 8 Portionen
4 kleine rote Chilischoten
2 Knoblauchzehen
2 Stängel Koriandergrün (ersatz-weise Petersilie)
4 EL weiche Butter
8 Hähnchenschenkel
4 EL Mehl
Salz, schwarzer Pfeffer
2 Eigelb
4 EL Milch
150 g getrocknete Kokosflocken

Das lässt sich vorbereiten
Hähnchenschenkel am Vorabend füllen und panieren. Zugedeckt kalt stellen.

1. Den Backofen auf 200° vorheizen. Die Chilischoten aufschlitzen, entkernen und waschen, ganz fein hacken. Den Knoblauch schälen und durch die Presse drücken. Das Koriandergrün waschen, abtrocknen und hacken. Alles mit der Butter in eine Schüssel geben und mischen.

2. Die Hähnchenschenkel waschen und abtrocknen. Die Haut vorsichtig ein wenig vom Fleisch lösen, die gewürzte Butter zwischen Haut und Fleisch geben.

3. Das Mehl auf einen Teller streuen und mit Salz und Pfeffer würzen. Die Eigelbe auf einem zweiten Teller mit der Milch verquirlen. Die Kokosflocken auf einen dritten Teller streuen. Die Hähnchenschenkel erst in Mehl, dann im Ei und zuletzt in Kokosflocken wenden. Die Kokosflocken gut andrücken.

4. Die Hähnchenschenkel auf ein Backblech setzen. Im Backofen (Mitte, Umluft 180°) in 45 Min. goldbraun braten.

🕐 Zubereitung: 30 Min.

🕐 Bratzeit: 45 Min. Pro Portion ca.: 455 kcal

Gefüllter Putenbraten

Für 8 Portionen
1 große Zwiebel
250 g Mangold
2 EL Olivenöl
1 Knoblauchzehe
1 EL Zitronensaft
Salz, schwarzer Pfeffer
1 kg Putenbrustfilet (ein möglichst gleichmäßiges Stück)
Cayennepfeffer
125 g mittelalter Gouda
1/8 l trockener Weißwein oder Hühnerbrühe
Küchengarn

Das lässt sich vorbereiten
Den Braten am Vortag garen. Nach dem Abkühlen zugedeckt kalt stellen.

1. Die Zwiebel schälen und klein würfeln. Den Mangold waschen und putzen, trockenschütteln und hacken. 1 EL Öl in einer beschichteten Pfanne erhitzen, die Zwiebelwürfel darin glasig braten. Den Knoblauch schälen und dazupressen. Den Mangold einrühren, mit Zitronensaft, Salz und Pfeffer würzen und offen 5 Min. garen.

2. Den Backofen auf 200° vorheizen. Das Fleisch kalt abwaschen und abtrocknen. Mit einem großen scharfen Messer quer zu einer möglichst großen flachen Scheibe aufschneiden. Mit Salz, schwarzem Pfeffer und Cayennepfeffer würzen.

3. Die Mangoldmischung auf der Fleischscheibe verteilen, den Käse raspeln und aufstreuen. Das Fleisch aufrollen und mit Küchengarn zusammenbinden, dann auch außen würzen.

4. Das übrige Öl in einem Bräter auf dem Herd erhitzen, den Braten darin rundherum goldbraun anbraten. Mit dem Wein oder Brühe ablöschen. Im Backofen (Mitte, Umluft 180°) 50 Min. garen. Den Braten abkühlen lassen.

5. Zum Servieren das Garn entfernen und das Fleisch in Scheiben schneiden.

🕐 Zubereitung: 45 Min.

🕐 Garzeit: 50 Min. Pro Portion ca.: 225 kcal

Für 8 Portionen
Für die asiatischen Bällchen:
3 zarte Frühlingszwiebeln
30 g frischer Ingwer
500 g Schweinehackfleisch
2 EL Sojasauce
1 Ei
2 EL Sesamsamen
1 EL Speisestärke
3 EL Öl
Für die spanischen Bällchen:
500 g gemischtes Hackfleisch
3 EL Semmelbrösel
5 EL Milch
1 Ei
Salz, schwarzer Pfeffer
1 TL Kreuzkümmel
1 TL getrockneter Oregano
Für die spanische Sauce:
1 große Zwiebel
1/2 grüne Paprikaschote
2 EL Olivenöl
1 EL Mehl
1 große Dose geschälte Tomaten (800 g)
Salz, schwarzer Pfeffer
Cayennepfeffer
4 EL geschälte gemahlene Mandeln
Für die asiatische Sauce:
1 Knoblauchzehe
1/4 l Hühnerbrühe
2 TL Speisestärke
3 zarte Frühlingszwiebeln
Sojasauce

Das lässt sich vorbereiten
Das Gericht am Vortag komplett fertig stellen, rasch abkühlen und kalt stellen. Vor der Party wieder erwärmen, auf dem Herd oder einem Brenner warm halten.

Fleischbällchen aus Ost und West

1. Für die asiatischen Bällchen die Frühlingszwiebeln waschen und putzen, den Ingwer schälen. Beides fein hacken und mit dem Hackfleisch, Sojasauce, Ei, Sesamsamen und 1 TL Speisestärke mischen. Zu kleinen Bällchen formen und diese rundherum in Speisestärke wenden. Das Öl in einer breiten Pfanne erhitzen, die Bällchen darin rundherum bei schwacher Hitze 20 Min. braten, mit einem Schaumlöffel herausnehmen.

2. Inzwischen für die spanischen Bällchen alle Zutaten gründlich mischen, pikant abschmecken und zu kleinen Bällchen formen.

3. Für die spanische Sauce die Zwiebel schälen und klein würfeln. Die Paprikaschote waschen und putzen, ebenfalls klein würfeln. Das Öl in einer breiten Pfanne erhitzen, die Zwiebel darin glasig braten. Die Paprikawürfel kurz mit anbraten.

4. Das Mehl über das Gemüse streuen und unter Rühren kurz anschwitzen. Die Tomaten aus der Dose mit ihrem Saft dazugeben, die Tomaten zerdrücken. Mit Salz, schwarzem Pfeffer und Cayennepfeffer kräftig würzen und offen bei starker Hitze etwas einkochen lassen. Die Fleischbällchen hineingeben, zugedeckt bei schwacher Hitze 30 Min. garen.

5. Für die asiatische Sauce den Knoblauch schälen und in die Pfanne pressen, leicht anbraten. Die Brühe mit der Speisestärke glatt rühren und in die Pfanne gießen, köcheln lassen.

6. Die Frühlingszwiebeln waschen, putzen und in sehr schräge und sehr feine Ringe schneiden. Die Ringe in die Sauce rühren, diese mit Sojasauce abschmecken. Die Fleischbällchen hineingeben und noch kurz in der Sauce wenden und erhitzen. Abschmecken.

7. Die Mandeln unter die spanische Tomatensauce rühren, alles noch einmal aufkochen lassen und ebenfalls herzhaft abschmecken.

Variante

Kernige Fleischbällchen
125 g Emmentaler würfeln. 1 große Zwiebel würfeln, in 1 EL Öl glasig braten. 750 g gemischtes Hackfleisch mit 2 eingeweichten Brötchen, der Zwiebel, 2 Eiern und 1 Päckchen italienischen TK-Kräutern mischen, mit Salz, Pfeffer und 1/2 TL Fünf-Gewürze-Pulver würzen. Masse zu kleinen Bällchen formen, dabei in jedes 1 Käsewürfel geben. Bällchen in 200 g Sonnenblumenkernen wälzen, Kerne andrücken. In insgesamt 5 EL Öl anbraten, dann bei schwacher Hitze 20 Min. garen.

Zubereitung: 1 Std. 15 Min. | Pro Portion ca.: 455 kcal

Für 8 Portionen
500 g Zwiebeln
3 EL Schweineschmalz
1,2 kg gemischtes Gulasch
3 Knoblauchzehen
4 EL Paprikapulver, edelsüß
Salz
1 TL gemahlener Kümmel
1 1/2 EL frische Majoranblättchen
250 g Tomaten
2 grüne Paprikaschoten
1 rote Paprikaschote
1 kg vorwiegend fest kochende
Kartoffeln
1 l Fleischbrühe
Paprikapulver, rosenscharf

Das lässt sich vorbereiten
Das Gulasch am Vortag zubereiten,
Kartoffeln und Paprika nur wenige
Min. mitgaren. Kalt stellen, am Par-
tytag langsam erhitzen und fertig
garen.

Saftiges Kesselgulasch

1. Die Zwiebeln schälen und in
Spalten schneiden. Das Schmalz
in einem breiten Topf erhitzen, das
Fleisch darin nach und nach rundherum anbraten. Zwiebeln mit anbraten,
den Knoblauch schälen und dazupressen.

2. Edelsüßes Paprika darüber
streuen und unter Rühren
anschwitzen. Alles mit Salz, Kümmel
und Majoran würzen, 1 Tasse Wasser
angießen und alles fest zugedeckt bei
schwacher Hitze 1 Std. schmoren.

3. Die Tomaten überbrühen, häuten und ohne die Stielansätze

grob würfeln. Die Paprika halbieren
und putzen, waschen und 2 cm groß
würfeln. Die Kartoffeln waschen,
schälen und ebenfalls 2 cm groß würfeln.

4. Den Bratensaft im Topf offen
verkochen lassen. Die Kartoffeln
unter das Fleisch mischen und unter
Rühren 10 Min. garen. Mit der Brühe
ablöschen, Tomaten und Paprika hineingeben. Zugedeckt bei mittlerer
Hitze 15 Min. schmoren. Mit Salz,
Pfeffer und Rosenpaprika abschmecken.

🕐 Zubereitung: 45 Min.

🕐 Schmorzeit: 1 Std. 15 Min. | Pro Portion ca.: 290 kcal

Für 8 Portionen
1 1/4 kg Lamm- oder Kaninchen-
fleisch ohne Knochen
3 Lorbeerblätter
1 Zimtstange
600 ml trockener Rotwein (ersatz-
weise Fleischbrühe)
6 Fleischtomaten
750 g Schalotten
6 Knoblauchzehen
4 EL Olivenöl
Salz, schwarzer Pfeffer
Muskatnuss, Nelkenpulver
Zucker
2 EL Rotweinessig

Das lässt sich vorbereiten
Das Ragout am Vortag zubereiten –
es schmeckt aufgewärmt fast noch
besser als frisch gekocht.

Stifádo

1. Das Fleisch waschen, abtrocknen und würfeln. Mit Lorbeer
und Zimt in eine hohe Schüssel geben
und mit dem Wein übergießen. Zugedeckt über Nacht in den Kühlschrank
stellen.

2. Tomaten über Kreuz einritzen
und für einige Sekunden in
kochendes Wasser legen, herausheben
und häuten, ohne Stielansätze und
Kerne grob würfeln. Schalotten und
Knoblauch schälen. Schalotten möglichst ganz lassen, Knoblauch in Stifte
schneiden.

3. Den Backofen auf 200° vorheizen. Fleisch aus der Marinade

nehmen und gut abtropfen lassen, auf
Küchenpapier abtrocknen. Das Öl in
einem großen Bräter erhitzen, Fleisch
darin rundherum anbraten. Salzen,
pfeffern und herausnehmen. Schalotten und Knoblauch im Bratfett leicht
anbraten, Tomaten und Fleisch dazugeben. Marinade angießen, aufkochen
lassen und mit je 1 Prise Muskat, Nelkenpulver und Zucker würzen.

4. Das Ragout zugedeckt im
Backofen (Mitte, Umluft 180°)
1 Std. 30 Min. schmoren. Mit Salz,
Pfeffer und Essig abschmecken.

🕐 Zubereitung: 45 Min. | 🕐 Ruhezeit: 12 Std.

🕐 Garzeit: 1 Std. 30 Min. | Pro Portion ca.: 310 kcal

Kasseler im Brotteig

Für 8 Portionen
550 g Weizenvollkornmehl
150 g Roggenschrot
1 Päckchen Trockenhefe (7 g)
1 TL Zucker
1 EL getrockneter Oregano
1 EL Salz
1 Beutel Natursauerteig (150 g)
50 g Walnusskerne
1,3 kg gekochtes Kasseler am Stück
(ohne Knochen; beim Metzger vor-
bestellen)
1 Bund gemischte Kräuter
2 EL Mango-Chutney
Mehl zum Arbeiten
Backpapier für das Blech

Das lässt sich vorbereiten
Den Brotteig am Vorabend mit kaltem Wasser kneten. In einer großen Schüssel – der Teig geht auf – über Nacht im Kühlschrank ruhen lassen. Dabei locker mit einem Küchentuch abdecken. Am Morgen kräftig durchkneten und bei Zimmertemperatur 30 Min. gehen lassen.

1. Mehl, Roggenschrot, Hefe, Zucker, Oregano und Salz in einer großen Schüssel mischen. Sauerteig und 400 ml lauwarmes Wasser dazugeben, alles ausgiebig zu einem glatten, geschmeidigen Teig verkneten. Am einfachsten und schnellsten gelingt das mit dem Knethaken in der elektrischen Küchenmaschine.

2. Die Walnüsse fein hacken und unter den Teig kneten. Zugedeckt an einem warmen Ort 45 Min. aufgehen lassen.

3. Das Kasseler kalt abwaschen und abtrocknen. Die Kräuter waschen, abtrocknen und fein hacken. Das Backblech mit Backpapier auslegen.

4. Den Teig mit bemehlten Händen durchkneten, dabei noch etwas Mehl darunter kneten, bis der Teig nicht mehr klebt. Auf der gut bemehlten Arbeitsfläche etwa 1 cm dick ausrollen.

5. Die Hälfte der Kräuter in der Mitte auf den Teig streuen. Kasseler darauf legen und mit dem Chutney bestreichen, dann mit den restlichen Kräutern bestreuen. Das Fleisch im Brotteig einhüllen, dabei die Teigränder mit Wasser bestreichen und gut zusammen drücken.

6. Das eingehüllte Fleisch vorsichtig auf das Blech heben. Unter einem sauberen Küchentuch 30 Min. ruhen lassen.

7. Den Backofen auf 175° vorheizen. Das Kasseler im Backofen (Mitte, Umluft 160°) 45 Min. backen. Die Oberfläche mit kaltem Wasser einpinseln, das Fleisch weitere 15 Min. garen.

Variante

Schinken im Brotteig
Für eine ganz besondere Gelegenheit können Sie auch Schinken in Brotteig hüllen, dann wird's allerdings deutlich teurer.
Entweder einen fertigen gekochten Schinken nehmen oder ein entsprechend großes Stück gepökeltes Schweinefleisch. Dann das gepökelte Fleisch in einem Topf mit kochend heißem Wasser bedecken, 2 geschälte und zerteilte Zwiebeln, 3 Lorbeerblätter und 1 EL Pfefferkörner dazugeben, das Fleisch zugedeckt bei schwacher Hitze 1 Std. 20 Min. sanft garen. Vor der weiteren Verarbeitung etwas (oder vollständig) abkühlen lassen – Sie können dies also gut am Vortag erledigen.
Das Fleisch sollten Sie beim Metzger rechtzeitig vorbestellen.

🕐 Zubereitung: 1 Std.

🕐 Backzeit: 1 Std.

🕐 Ruhezeit: 1 Std. 15 Min.

Pro Portion ca.: 780 kcal

Zwiebelsteaks vom Blech

Für 8 Portionen
10 Zweige Thymian
2 Zweige Rosmarin
150 ml aromatisches Olivenöl
Salz, schwarzer Pfeffer
8 Schweinesteaks (aus dem Rücken; à etwa 150 g)
1 kg kleine Zwiebeln
4 Scheiben Toastbrot
125 g Mozzarella

Das lässt sich vorbereiten
Steaks und Zwiebeln können Sie einige Std. im Voraus marinieren, und auch die Toast-Käse-Mischung lässt sich vorbereiten.

1. Den Thymian und den Rosmarin waschen und abtrocknen, von groben Stielen befreien, dann klein hacken und mit dem Öl verrühren, mit Salz und Pfeffer würzen.

2. Die Steaks kalt abwaschen, abtrocknen und rundherum mit Kräuteröl einreiben. Zugedeckt kalt stellen.

3. Den Backofen auf 200° vorheizen. Die Zwiebeln schälen und achteln, im restlichen Kräuteröl wenden und mit dem übrigen Öl auf ein Backblech geben. Im Ofen (Mitte, Umluft 180°) 15 Min. garen.

4. Die Toastscheiben klein würfeln, den Mozzarella raspeln. Beides in eine Schüssel geben, mit Pfeffer würzen und gut miteinander verkneten.

5. Die Zwiebeln umrühren und an den Rand schieben. Die Steaks zwischen die Zwiebeln auf das Backblech legen, die Toast-Käse-Mischung darauf verteilen. Alles 15 Min. garen. Nach Belieben für die letzten 2–3 Min. den Grill dazuschalten.

🕐 Zubereitung: 45 Min. | Pro Stück ca.: 365 kcal

Leberterrine mit Apfelgelee

Für 8 Portionen
Für die Terrine:
500 g Geflügelleber
1/4 l leichte Hühnerbrühe
2 Lorbeerblätter
200 g weiche Butter
Salz, schwarzer Pfeffer
2 TL frische Majoranblättchen
Für das Apfelgelee:
2 Blatt weiße Gelatine
200 ml Apfelsaft
1 kleine rote Chilischote

Das lässt sich vorbereiten
Die Terrine am Vortag zubereiten.

1. Für die Terrine die Leber sorgfältig waschen und von allen Häutchen befreien, in grobe Würfel schneiden. Die Brühe in einem Topf aufkochen lassen, die Hitze reduzieren. Die Lorbeerblätter und die Leberstücke in die Brühe legen, zugedeckt bei schwacher Hitze in knapp 10 Min. gerade eben gar ziehen lassen.

2. Die Lorbeerblätter entfernen, die Leberstücke in einem Sieb gut abtropfen lassen. 5 Leberstücke beiseite legen, die restlichen pürieren und etwas abkühlen lassen.

3. Die Butter in einer Schüssel cremig rühren, nach und nach das Leberpüree untermengen. Mit Salz, Pfeffer und Majoran pikant abschmecken. Die beiseite gelegte Leber klein würfeln und unterrühren. Die Masse in eine Schüssel oder in Förmchen umfüllen, glatt streichen und zugedeckt 2 Std. kalt stellen.

4. Die Gelatine in kaltem Wasser einweichen. In einer Tasse im warmen Wasserbad oder in der Mikrowelle auflösen, dann mit dem Apfelsaft verrühren. Die Chilischote putzen, entkernen und in feine Ringe schneiden. Unter den Apfelsaft rühren.

5. Den abgekühlten Apfelsaft auf die Leberterrine gießen. Zugedeckt 2 Std. im Kühlschrank gelieren lassen. Zum Servieren stürzen.

🕐 Zubereitung: 35 Min. | 🕐 Kühlzeit: 4 Std.
🕐 Garzeit: 10 Min. | Pro Portion ca.: 350 kcal

Für 8 Portionen
150 g getrocknete Aprikosen
1 Lauchstange
Salz
6 dünne Putenschnitzel (à 150 g)
weißer Pfeffer
2 kleine Zucchini
8 dünne Speckscheiben
6 EL Olivenöl
Außerdem:
16 lange Holzspieße

Das lässt sich vorbereiten
Die Spieße vorbereiten, zugedeckt kalt stellen. Sollen sie kalt serviert werden, kann man sie im Voraus braten und kalt stellen.

Fleisch-Zucchini-Spieße

1. Die Aprikosen in warmem Wasser einweichen. Den Lauch putzen, längs halbieren und gründlich waschen, dann in 10 cm lange Stücke schneiden. Reichlich Salzwasser in einem breiten Topf aufkochen lassen. Den Lauch hineingeben und 3 Min. vorgaren, dann in ein Sieb abgießen, eiskalt abschrecken und gut abtropfen lassen.

2. Die Schnitzel kalt abwaschen, abtrocknen und flach ausbreiten. Mit einem breiten Messer noch flacher streichen. Die Schnitzel mit Salz und Pfeffer würzen.

3. Die Lauchblätter überlappend auf den Schnitzeln auslegen. Die Aprikosen halbieren und ausgebreitet mittig darauf legen. Die Schnitzel wie Rouladen aufrollen.

4. Die Zucchini waschen und putzen, mit den Speckscheiben umwickeln und in 2–3 cm breite Scheiben schneiden.

5. Die Putenröllchen genauso schneiden. Die dabei entstehenden Schnecken abwechselnd mit den Zucchinirollen quer auf Spieße stecken, dabei die losen Endstücke der Putenröllchen unbedingt mit dem Spieß durchstechen.

6. Das Öl in zwei breiten Pfannen erhitzen. Die Spieße darin bei mittlerer Hitze von beiden Seiten anbraten, dann bei schwacher Hitze 10 Min. von beiden Seiten braten.

🕐 Zubereitung: 45 Min.   Pro Portion ca.: 425 kcal

Für 8 Portionen
1 großes Bund gemischte Kräuter (z.B. Petersilie, Sauerampfer, Basilikum, Thymian, Schnittlauch)
50 g gehackte Mandeln
2 Knoblauchzehen
6 EL Olivenöl
Salz, schwarzer Pfeffer
1 kg Schweinebraten (ein möglichst gleichmäßiges, mageres Stück)
150 ml Fleischbrühe

Das lässt sich vorbereiten
Den Braten komplett am Vortag zubereiten. Vor dem Servieren in Scheiben schneiden und anrichten.

Rollbraten mit Kräuterfüllung

1. Die Kräuter waschen, abtrocknen und fein hacken. Die Mandeln in einer trockenen Pfanne ohne Fett goldbraun rösten. Den Knoblauch schälen und hacken oder zerdrücken, mit den Kräutern, Mandeln und 4 EL Olivenöl vermengen, mit Salz und Pfeffer würzen.

2. Das Fleisch kalt abwaschen und abtrocknen. Das Fleischstück quer so aufschneiden, dass eine möglichst große, flache Scheibe entsteht. (Oder das Fleisch vom Metzger entsprechend aufschneiden lassen.)

3. Das Fleisch ausbreiten, die Kräutermischung darauf verstreichen. Das Fleisch dann aufrollen und mit Küchengarn zusammenschnüren.

4. Das restliche Öl in einem Schmortopf erhitzen, den Braten darin rundherum kräftig anbraten. Salzen und pfeffern, die Brühe angießen und den Braten zugedeckt bei schwacher Hitze 1 Std. 30 Min. schmoren. Aus dem Topf nehmen und abkühlen lassen, das Garn entfernen und den Braten in Scheiben schneiden.

🕐 Zubereitung: 25 Min.

🕐 Garzeit: 1 Std. 30 Min.   Pro Portion ca.: 240 kcal

Süße Sünden

Desserts und Partykuchen

Ob feines Menü oder stundenlange Party – etwas Süßes rundet jedes Essen ab und darf nie fehlen. Wichtig für Menü und Party: Alles muss sich gut vorbereiten lassen und – zumindest auf dem Büffet – einige Zeit unbeschadet überstehen. Cremes mit Eischnee sind deshalb ungeeignet, und das erfrischende Eis nur bei guter Planung wirklich sinnvoll. Stets verlockend und garantiert begehrt: Obstsalate, fruchtige oder schokoladige Cremes und Gebäck aller Art. Anregungen und Rezepte dafür finden Sie auf den folgenden Seiten.

Kiwi-Apfel-Kompott mit Vanillesahne

Für 8 Portionen
2 Limetten, 1 kg säuerliche Äpfel
4 EL Ahornsirup
300 ml Apfelsaft, 1 1/2 EL Speisestärke
6 Kiwis
400 g Sahne, 2 Päckchen Vanillezucker

1. Die Limetten heiß abwaschen und abtrocknen. Die Schale fein abreiben, den Saft auspressen. Die Äpfel vierteln, schälen und entkernen, quer in nicht zu feine Spalten schneiden und in einen breiten Topf geben. Limettenschale und -saft sowie Ahornsirup dazugeben, fest zugedeckt bei mittlerer Hitze 3 Min. dünsten.

2. Apfelsaft mit Speisestärke glatt rühren, zu den Äpfeln gießen und alles unter Rühren noch 1 Min. köcheln lassen. Vom Herd nehmen. Die Kiwis schälen, halbieren und in Scheiben schneiden, vorsichtig unter die Äpfel mischen. In eine Schüssel umfüllen und erkalten lassen.

3. Zum Servieren die Sahne halbsteif schlagen, mit Vanillezucker süßen, zur Grütze reichen.

🕐 Zubereitung: 30 Min.

🕐 Kühlzeit: 4 Std.　　　　Pro Portion ca.: 295 kcal

Beerensalat mit Joghurtcreme

Für 8 Portionen
500 g Johannisbeeren, 200 g Heidelbeeren
300 g Himbeeren
750 g Erdbeeren
3 EL Puderzucker
1/4 TL gemahlene Vanille
4 EL gehobelte Mandeln
500 g fettarmer Joghurt
4 EL Apfeldicksaft (Reformhaus)
Zimtpulver

1. Die Beeren vorsichtig waschen und gut abtropfen lassen. Johannisbeeren von den Stielen zupfen, Heidelbeeren und Himbeeren nur verlesen, Erdbeeren entkelchen und halbieren oder vierteln. Alle Früchte vorsichtig mit Puderzucker und Vanille mischen.

2. Die Mandeln in einer beschichteten Pfanne ohne Zugabe von Fett goldbraun rösten.

3. Den Joghurt mit Apfeldicksaft und Zimt verrühren und zum Servieren über die Beeren geben. Mandeln aufstreuen.

🕐 Zubereitung: 30 Min.

　　　　Pro Portion ca.: 160 kcal

Zitrusfrucht-Tee-Gelee

Für 8 Portionen
8 EL loser Winter-Früchtetee
1 Zimtstange, 4 Gewürznelken
15 Blatt weiße Gelatine
4 Orangen, davon 1 unbehandelt
4 rosa Grapefruits, 6 EL Zucker

1. Früchtetee in einer Kanne mit 1 l kochend heißem Wasser aufgießen. Zimt und Gewürznelken dazugeben, den Tee 10 Min. ziehen lassen.

2. Gelatine in reichlich kaltem Wasser einweichen. Die unbehandelte Orange heiß abwaschen, abtrocknen. Etwas Schale fein abreiben. Alle Orangen auspressen. Die Grapefruits filetieren, abtropfenden Saft auffangen.

3. Den Tee abseihen, die Gelatine leicht ausdrücken und darin auflösen. Mit Zucker süßen, Orangenschale und -saft sowie Grapefruitsaft unterrühren.

4. Grapefruitfilets in eine breite Schüssel legen. Den Tee vorsichtig darüber geben und im Kühlschrank erstarren lassen.

⊙ Zubereitung: 30 Min.
⊙ Gelierzeit: 4 Std. | Pro Portion ca.: 90 kcal

Zwetschgen-Streusel-Kuchen

Für 1 Springform von 26 cm Ø (12 Stück):
200 g weiche Butter
160 g Zucker
200 g Mehl
150 g gemahlene Mandeln
75 g gehobelte Mandeln
1 EL Speisestärke
500 g Zwetschgen

1. Den Backofen auf 200° vorheizen. Die Butter mit Zucker, Mehl und gemahlenen Mandeln zu Streuseln verkneten.

2. Etwa drei Viertel der Streusel in die Form geben und am Boden andrücken. 50 g gehobelte Mandeln darauf verteilen, Speisestärke darüber stäuben.

3. Die Zwetschgen waschen, vierteln und entsteinen, auf den Boden legen. Die restlichen Streusel und die übrigen gehobelten Mandeln darauf verteilen. Im Backofen (Mitte, Umluft 180°) in 30 Min. goldbraun backen.

⊙ Zubereitung: 30 Min.
⊙ Backzeit: 30 Min. | Pro Stück ca.: 365 kcal

Für 1 Springform von 22 cm Ø
(12 Stück)
125 g Kokos-Zwieback
100 g Butter
6 Blatt weiße Gelatine
500 g Naturjoghurt
400 g Doppelrahm-Frischkäse
Saft und abgeriebene Schale von
1 Limette
70 g Zucker
1 kleine Dose Ananas (430 g Inhalt)
50 g Kokosflocken
Backpapier für die Form

Das lässt sich vorbereiten
Die Torte am Vortag zubereiten.

Karibik-Torte mit Kokosboden

1. Den Kokos-Zwieback in der Küchenmaschine fein zerkleinern. Die Butter zerlassen, mit den Zwiebackbröseln vermengen. Einen passend zugeschnittenen Kreis Backpapier auf den Boden der Springform legen, den Zwiebackteig darauf verteilen. Andrücken und mindestens 30 Min. kalt stellen.

2. Die Gelatine nach Packungsangabe in reichlich kaltem Wasser einweichen. Den Joghurt mit Frischkäse, Limettensaft und -schale sowie dem Zucker verrühren. Die Ananas abtropfen lassen, den Saft auffangen. Die Früchte pürieren oder sehr klein würfeln und unter die Creme rühren.

3. 2 EL Ananassaft leicht erwärmen, die Gelatine tropfnass darin auflösen. Unter die Käsecreme rühren. In die Form umfüllen, glatt streichen und zugedeckt über Nacht (mindestens 4 Std.) kalt stellen.

4. Zum Servieren die Kokosflocken in einer trockenen Pfanne ohne Fett goldbraun rösten. Dekorativ auf die Torte streuen.

🕐 Zubereitung: 45 Min.

🕐 Ruhezeit: 12 Std.

Pro Stück ca.: 305 kcal

Für 8 Portionen
Für den Teig:
150 g weiche Butter
1 Ei (Größe M)
3 EL Puderzucker
275 g Mehl, 1 TL Backpulver
1 Prise Salz
Backpapier für das Blech
Für den Belag:
4 EL Erdbeerkonfitüre
250 g Ricotta, 2 EL Zucker
1 TL Zitronensaft
2 Kiwis
250 g Erdbeeren
2 Aprikosen oder kleine Pfirsiche

Das lässt sich vorbereiten
Den Boden am Vortag backen, aber erst kurz vor der Party belegen.

Bunte Früchte-Pizza

1. Den Backofen auf 200° vorheizen. Die Butter mit dem Ei und dem Puderzucker verrühren. Das Mehl mit Backpulver und Salz mischen, dazugeben und alles zum glatten Teig verkneten.

2. Den Teig zur Kugel formen und auf einen Bogen Backpapier legen. Darauf zu einem 30 cm großen Kreis ausrollen. Das Papier auf ein Backblech heben oder ziehen, den Tortenboden im Backofen (Mitte, 180°) in 20–25 Min. goldbraun backen. Mit dem Papier vom Blech heben und auskühlen lassen.

3. Den Tortenboden vorsichtig auf eine Servierplatte heben und mit Erdbeerkonfitüre bestreichen. Ricotta mit Zucker und Zitronensaft verrühren, als kleine Kleckse auf dem Tortenboden verteilen. Die Früchte waschen und putzen, dekorativ zurechtschneiden und auf dem Tortenboden arrangieren. Alles soll aussehen wie eine bunte Pizza.

🕐 Zubereitung: 30 Min.

🕐 Backzeit: 20–25 Min.

Pro Stück ca.: 395 kcal

Cappuccinocreme

Für 8 Portionen
6 Blatt weiße Gelatine
150 ml Milch
100 ml starker Espresso
4 Eigelb
75 g Zucker
1 Prise Zimtpulver
200 g Sahne
Außerdem:
100 g Sahne
1 Päckchen Vanillezucker
einige Mokkabohnen
Kakaopulver

Das lässt sich vorbereiten:
Die Creme am Vortag zubereiten, zugedeckt kalt stellen.

1. Die Gelatine nach Packungsangabe in reichlich kaltem Wasser einweichen. Milch und Espresso in einem kleinen Topf erhitzen.

2. Die Eigelbe mit Zucker und Zimt in eine Wasserbadschüssel geben. Die Schüssel auf einen Topf mit köchelndem Wasser stellen, die Eicreme hell-schaumig aufschlagen. Nach und nach die heiße Espresso-Mischung dazugießen und alles zur heißen, dicklichen Creme aufschlagen.

3. Die Gelatine leicht ausdrücken und in der heißen Creme auflösen. Die Creme kalt stellen, bis sie zu gelieren beginnt. Dann die Sahne steif schlagen und unterheben. In eine Servierschüssel umfüllen und mindestens 4 Std. kalt stellen.

4. Zum Servieren die Sahne steif schlagen, mit Vanillezucker süßen. Rosetten auf die Creme setzen, mit Mokkabohnen verzieren und leicht mit Kakaopulver bestäuben.

🕐 Zubereitung: 30 Min.

🕐 Gelierzeit: 4 Std.

Pro Portion ca.: 210 kcal

Geschichtete Zitronencreme mit Mandeldecke

Für 8 Portionen
3 kleine unbehandelte Zitronen
500 g Speisequark (20 %)
150 g Naturjoghurt
1 Päckchen Vanillezucker
5 EL Zucker
150 g Sahne
200 g Amaretti
50–75 g gehobelte Mandeln
Puderzucker zum Bestäuben
Zitronenmelisse zum Garnieren

Das lässt sich vorbereiten
Den Quark am Morgen anrühren, einschichten und gut zugedeckt kalt stellen. Mandeln rösten, aber erst vorm Anrichten auf die Creme streuen.

1. Die Zitronen heiß abwaschen und abtrocknen, die Schale fein abreiben und den Saft auspressen. Etwa 1/8 l Saft abmessen, mit der Zitronenschale, dem Quark, Joghurt, Vanillezucker und Zucker gut verrühren. Dann die Sahne steif schlagen und unterheben.

2. Die Hälfte der Amaretti in eine Servierschüssel oder in Förmchen geben. Die Hälfte des Zitronenquarks darauf verteilen, mit den übrigen Amaretti bedecken. Den restlichen Zitronenquark einschichten und zugedeckt 1 Std. kalt stellen.

3. Zum Servieren die Mandeln in einer beschichteten Pfanne ohne Fett goldbraun rösten. Dick über die Creme streuen. Etwas Puderzucker darüber stäuben.

Variante

Für eine festere Zitronencreme 4 Blatt weiße Gelatine einweichen und tropfnass in einer Kelle oder Tasse im heißen Wasserbad auflösen, unter den Quark rühren.

🕐 Zubereitung: 30 Min.

🕐 Kühlzeit: 1 Std.

Pro Portion ca.: 330 kcal

Für 1 Backblech (20 Stück)
Für den Teig:
250 g Weizenmehl (Type 1050)
1/2 Würfel Hefe (21 g)
1/8 l lauwarme Milch
1 EL Zucker
1 Prise Salz
1 Eigelb
75 g zimmerwarme Butter
Für den Belag:
400 g Zwetschgen oder kleine Pflaumen
400 g Aprikosen
4 säuerliche Äpfel
3 EL Zitronensaft
5 Vollkorn-Zwiebäcke (ca. 50 g)
3 EL Zucker
1 TL Zimtpulver
Außerdem:
Mehl zum Arbeiten
Fett für das Blech

Karokuchen vom Blech

1. Das Mehl in eine Schüssel streuen, in der Mitte eine Mulde eindrücken. Die Hefe hineinbröckeln, mit etwas Milch und Zucker verrühren und dünn mit Mehl bestäuben. Zugedeckt 10 Min. ruhen lassen. Mit den übrigen Teigzutaten verkneten. Zugedeckt 1 Std. gut aufgehen lassen.

2. Zwetschgen und Aprikosen waschen, abtrocknen und entsteinen, Äpfel vierteln, schälen und entkernen. Alles in Spalten schneiden, mit Zitrone beträufeln.

3. Das Backblech sorgfältig fetten. Den Teig durchkneten und auf etwas Mehl sehr dünn ausrollen. Mit der Teigrolle auf das Blech heben, das Blech damit auskleiden. An den Rändern leicht hochdrücken.

4. Zwieback in der Küchenmaschine fein zerbröseln und auf den Teig streuen. Die Früchte eng aneinander so darauf arrangieren, dass ein Karo-Muster entsteht. Zucker und Zimt mischen und aufstreuen, den Kuchen 15 Min. gehen lassen.

5. Inzwischen den Backofen auf 200° vorheizen. Den Kuchen darin (Mitte, Umluft 180°) 30 Min. backen.

🕐 Zubereitung: 45 Min. | 🕐 Backzeit: 30 Min.
🕐 Ruhezeit: 1 Std. 15 Min. | Pro Portion ca.: 130 kcal

Für 1 Kranzform von 22 Ø cm (14 Stück)
6 Eier
175 g Zucker
1 Prise Salz
175 g weiche Butter
120 g Mehl
80 g Speisestärke
2 TL Backpulver
50 g gemahlene Mandeln
200 g Heidelbeeren (frisch oder TK)
1 kleine unbehandelte Zitrone
125 g Puderzucker
Fett und Mehl für die Form

Das lässt sich vorbereiten
Den Kuchen am Vortag backen.

Heidelbeerkranz mit Zitrone

1. Die Form gründlich fetten und mit Mehl ausstreuen. Backofen auf 200° vorheizen.

2. Eier trennen, Eiweiße steif schlagen, dabei 4 EL Zucker und das Salz einrieseln lassen. Kalt stellen.

3. Butter und restlichen Zucker gut cremig rühren, Eigelbe einzeln unterrühren. Den Eischnee darauf setzen. Mehl, Speisestärke, Backpulver und Mandeln mischen und überstreuen, locker vermengen. Heidelbeeren kurz waschen, mit Küchenpapier abtrocknen und vorsichtig unter den Teig ziehen. (Tiefgefrorene Beeren nicht auftauen lassen!)

4. Den Teig sofort in die Form umfüllen und darin glatt streichen. Den Kuchen im Backofen (Mitte, Umluft 180°) 1 Std. backen. Einige Min. ruhen lassen, auf einen Rost stürzen, umdrehen und auskühlen lassen.

5. Die Zitrone heiß abwaschen und abtrocknen, die Schale in feinen Spänen abziehen und den Saft auspressen. Puderzucker mit 2–3 EL Zitronensaft glatt rühren und über den Kuchen träufeln, die Schale aufstreuen. Den Guss fest werden lassen.

🕐 Zubereitung: 30 Min.
🕐 Backzeit: 1 Std. | Pro Portion ca.: 290 kcal

Schokoladige Mini-Muffins

Für 24 Stück
(aus der Mini-Muffinform)
100 g weiche Butter
1 Ei (Größe M)
125 g Naturjoghurt
1 Päckchen Orangenzucker
2 EL Zucker
40 g Walnusskerne
50 g Zartbitter-Schokolade
30 g gewürfeltes Orangeat
200 g Mehl
2 TL Backpulver
100 g weiße Kuvertüre
Butter für die Form

Das lässt sich vorbereiten
Am Vortag backen und zugedeckt aufbewahren. Oder einige Tage im Voraus backen und einfrieren, erst nach dem Auftauen mit Kuvertüre verzieren.

1. Den Backofen auf 200° vorheizen. Die Form gründlich fetten.

2. Die Butter mit dem Ei, Joghurt, Orangenzucker und Zucker cremig rühren. Walnüsse, Schokolade und Orangeat fein hacken und unter die Creme rühren. Das Mehl mit dem Backpulver mischen und unterheben.

3. Den Teig in die Muffins-Mulden geben. Im Backofen (Mitte, Umluft 180°) in 15 Min. goldbraun backen. Einige Min. in der Form ruhen lassen, dann herauslösen und auf einem Kuchengitter auskühlen lassen. Nach und nach den ganzen Teig ver-

backen – die Menge ergibt etwa 24 Mini-Muffins.

4. Die Kuvertüre hacken und in einer Schüssel im warmen Wasserbad schmelzen lassen, feine Linien daraus über die Muffins träufeln. Fest werden lassen.

Tipp

Es gibt verschiedene Bleche für Mini-Muffins, die Anzahl der Mulden variiert.

🕐 Zubereitung: 45 Min.

🕐 Backzeit: jeweils 15 Min.

Pro Stück ca.: 120 kcal

Waffeltüten mit Zitronenfüllung

Für 16 Stück
4 EL weiche Butter
1 Ei (Größe M)
4 EL Zucker
2 TL abgeriebene Zitronenschale
2 EL gehackte Mandeln
100 g Mehl
2 EL Speisestärke
2 TL Backpulver
3 EL Milch
Außerdem:
16 Waffel-Likör-Becher (innen mit Schokolade bedeckt; zum Hinstellen)
1 kleine unbehandelte Zitrone
75 g Puderzucker

Das lässt sich vorbereiten
Die Törtchen am Vortag backen und verzieren.

1. Den Backofen auf 200° vorheizen. Die Butter mit dem Ei und dem Zucker hell-cremig rühren. Die Zitronenschale und die Mandeln unterziehen.

2. Das Mehl mit der Speisestärke und dem Backpulver mischen und zusammen mit der Milch unter den Teig rühren. Etwa 1 TL Teig in jede Waffeltüte geben, die gefüllten Tüten auf ein Backblech oder in eine große Springform stellen.

3. Die Törtchen im Backofen (Mitte, Umluft 180°) in 20 Min. goldgelb backen. Auskühlen lassen.

4. Die Zitrone heiß abwaschen und abtrocknen. Die Schale in feinen Spänen abziehen. Etwas Saft auspressen und mit dem Puderzucker verrühren, die Törtchen damit bestreichen. Die Zitronenschale aufstreuen, den Guss fest werden lassen.

🕐 Zubereitung: 15 Min.

🕐 Backzeit: 20 Min.

Pro Stück ca.: 115 kcal

Birnensalat mit Schokoladenmousse

Für 8 Portionen
Für den Birnensalat:
4 reife Birnen
4 EL Zucker
Saft von 1 Zitrone
Für die Schokoladenmousse:
300 g Zartbitter-Schokolade
4 Eier
3 EL feiner Zucker
200 g Sahne
1 Päckchen Vanillezucker
4 EL Cognac (ersatzweise starker Kaffee)
Zum Garnieren:
100 g Sahne
Schokoladen-Blätter zum Garnieren (Fertigprodukt)

Das lässt sich vorbereiten
Das Dessert am Vormittag zubereiten. Im Kühlschrank unbedingt zudecken, sonst nimmt die Mousse fremde Geschmacksnoten auf.

1. Für den Salat die Birnen schälen, vierteln und von Stielansätzen und Kerngehäuse befreien. Die Viertel quer in Scheiben schneiden. Den Zucker in einer Pfanne bei mittlerer Hitze schmelzen und hellgoldgelb werden lassen. Die Birnen dazugeben und kurz im Karamell wenden. Zitronensaft darüber träufeln und die Birnen leicht abgekühlt in eine breite Glasschüssel umfüllen.

2. Für die Mousse die Schokolade grob hacken und in eine hitzebeständige Schüssel geben. In einem Topf Wasser aufkochen lassen, die Schüssel mit der Schokolade darauf stellen. Schokolade unter Rühren schmelzen lassen. Vom Herd nehmen.

3. Die Eier trennen. Die Eiweiße zu steifem Schnee schlagen, dabei nach und nach 2 EL Zucker einrieseln lassen. Kühl stellen. Die Sahne ebenfalls steif schlagen, kühl stellen.

4. Die Eigelbe mit 1 EL Zucker und dem Vanillezucker sehr cremig aufschlagen. Geschmolzene Schokolade und Cognac unterrühren.

5. Die Sahne mit einem Schneebesen unterziehen, zuletzt den Eischnee vorsichtig unterheben. Zugedeckt für mindestens 3 Std. in den Kühlschrank stellen.

6. Zum Servieren die Sahne steif schlagen, in Rosetten auf die Mousse spritzen. Mit Schokoladenblättern garnieren.

Varianten

Weiße Mousse: Die Zartbitter-Schokolade durch weiße Schokolade ersetzen. Zusätzlich 3 Blatt weiße Gelatine auflösen und unterrühren, sonst wird die Mousse nicht fest.

Mousse mit Orangensalat: Eine Schokoladenmousse wie links beschrieben vorbereiten, dabei 2 Blatt aufgelöste Gelatine unterrühren. In einer Schüssel fest werden lassen, zum Servieren auf eine große Servierplatte stürzen. Drumherum einen Orangensalat anrichten. Dafür 1 unbehandelte Orange heiß abwaschen und abtrocknen, etwas Schale in feinen Spänen abziehen. Diese und 3 weitere Orangen sorgfältig schälen und in dicke Scheiben schneiden. Die Scheiben halbieren. Von 1 weiteren Orange den Saft auspressen, mit 4 EL Zucker in einer Pfanne erhitzen. Orangenschale dazugeben, kurz kochen lassen. Orangen hineinlegen, kurz schwenken und im Sud abkühlen lassen. Nach Belieben mit Zitronenmelisse garnieren.

Feinste Schoko-Türmchen: Weiße oder dunkle Schokoladenmousse auf dünne Schokoladentäfelchen (Fertigprodukt) spritzen, 3 oder 4 Täfelchen übereinander schichten.

Zubereitung: 45 Min.

Kühlzeit: mindestens 3 Std.   Pro Portion ca.: 460 kcal

Für 1 Springform von 26 cm Ø
(12 Stück)
1 große unbehandelte Zitrone
350 g säuerliche Äpfel (z.B. Boskop)
500 g Ricotta
250 g Mascarpone
5 Eigelb
65 g Weizengrieß
65 g Zucker
40 g Walnusskerne
40 g Pistazienkerne
Butter und Semmelbrösel für die Form
Puderzucker zum Bestäuben

Das lässt sich vorbereiten
Den Kuchen am Vortag backen, nach dem Abkühlen zugedeckt an einen kalten Platz stellen.

Italienische Apfel-Nuss-Torte

1. Den Backofen auf 175° vorheizen. Die Zitrone heiß abwaschen und abtrocknen, die Schale fein abreiben und den Saft auspressen, beides in einer Schüssel mischen. Die Äpfel schälen, entkernen und klein würfeln, sofort im Zitronensaft wenden.

2. Ricotta mit Mascarpone, den Eigelben, Grieß und Zucker glatt verrühren. Die Äpfel untermischen. Walnüsse und Pistazien grob hacken und unter die Ricottacreme rühren.

3. Die Form fetten und mit Semmelbröseln ausstreuen. Die Ricottamasse hineinfüllen und glatt streichen. Den Kuchen im Backofen (Mitte, Umluft 160°) 1 Std. backen.

4. Den Kuchen in der Form auskühlen lassen. Den Springformrand vorsichtig lösen, den Kuchen auf eine Servierplatte geben und mit Puderzucker bestäuben.

○ Zubereitung: 30 Min.

○ Backzeit: 1 Std.

Pro Stück ca.: 295 kcal

Für 1 Springform von 26 cm Ø
(12 Stück)
1 kg Quitten
30 g frischer Ingwer
200 g Zucker
1 Zimtstange
175 g kalte Butter
250 g Mehl
85 g gemahlene Mandeln
250 g Speisequark (20 % Fett)
2 Eigelb
1 Päckchen Vanille-Puddingpulver zum Kochen
Außerdem:
Fett für die Form
Puderzucker zum Bestäuben

Großmutters Quittenkuchen

1. Die Quitten schälen, vierteln und die Kerngehäuse herausschneiden. Die Viertel in dicke Spalten schneiden. Den Ingwer schälen und fein würfeln, mit 50 g Zucker, Zimt und Quitten in einen breiten Topf geben. Aufkochen lassen, zugedeckt bei schwacher Hitze 15 Min. dünsten.

2. Den Backofen auf 200° vorheizen. Die Form fetten. Die Butter würfeln. Aus Mehl, Mandeln, 100 g Zucker und der Butter rasch grobe Streusel kneten. Zwei Drittel in die Form geben, am Boden und etwa 3 cm hoch am Rand leicht andrücken.

3. Die Quitten abtropfen lassen. Den Sud mit Quark, 50 g Zucker, den Eigelben und dem Puddingpulver verrühren und in die Form geben, darin glatt streichen. Die Quitten darauf arrangieren, die übrigen Streusel darüber verteilen. Im Backofen (Mitte, Umluft 180°) 40 Min. backen. Mit Puderzucker bestäuben.

Variante

Wenn Sie keine Quitten bekommen (es gibt sie nur im Herbst), backen Sie den Streuselkuchen mit aromatischen, säuerlichen Äpfeln. Diese nicht kochen, sondern roh verwenden. Nach dem Einschichten in den Kuchen ganz fein gehackten oder geriebenen Ingwer auf die Äpfel streuen.

○ Zubereitung: 45 Min.

○ Backzeit: 40 Min.

Pro Stück ca.: 355 kcal

Für 8 Portionen
Für die Himbeercreme:
1 Vanilleschote
1/2 l Milch
16 Blatt weiße Gelatine
8 Eigelb
150 g Zucker
600 g Himbeeren
400 g Sahne
Für das Himbeermark:
300 g Himbeeren
2 EL Puderzucker
2 EL Zitronensaft
1 EL Himbeergeist (nach Belieben)
Zitronenmelisse zum Garnieren

Das lässt sich vorbereiten
Die Creme am Vortag zubereiten. Zugedeckt in den Kühlschrank stellen.

Himbeercreme mit Himbeermark

1. Die Vanilleschote längs aufschlitzen, das Mark herauskratzen. Mark, Schote und die Milch in einem kleinen Topf aufkochen lassen, dann vom Herd nehmen.

2. Einmal 12 Blatt und einmal 4 Blatt Gelatine nach Packungsangabe in reichlich kaltem Wasser einweichen.

3. Die Eigelbe mit dem Zucker in einer Wasserbadschüssel verquirlen, auf einen Topf mit köchelndem Wasser stellen und hell-schaumig aufschlagen. Nach und nach die heiße Milch dazugießen und ständig weiterschlagen, bis eine heiße, dickliche Creme entstanden ist. Dabei die Vanilleschote aus der Milch entfernen.

4. Die Schüssel vom Wasserbad nehmen. Die 12 Gelatineblätter leicht ausdrücken, nach und nach vorsichtig in die heiße Creme rühren und auflösen. Die Creme kalt stellen, bis sie zu gelieren beginnt. Zwischendurch umrühren.

5. Inzwischen die 600 g Himbeeren verlesen und ganz kurz waschen. Einige Beeren zum Garnieren beiseite stellen, die restlichen zerdrücken. Die restlichen 4 Gelatineblätter leicht ausdrücken und in einer Tasse im warmen Wasserbad schmelzen lassen, tropfenweise unter das Himbeerpüree rühren.

6. Sobald die Vanillecreme zu gelieren beginnt, die Sahne steif schlagen und unter die Creme heben.

Die Hälfte der Creme in eine Glasschüssel geben. Das Himbeerpüree unter die restliche Creme rühren, auf die Vanillecreme geben. Einen Kochlöffelstiel vorsichtig durch beide Cremesorten ziehen, um sie leicht zu mischen. Die Creme zugedeckt über Nacht kalt stellen und gelieren lassen.

7. Für das Himbeermark die Himbeeren verlesen und kurz waschen, pürieren und durch ein feines Sieb streichen. Mit Puderzucker, Zitronensaft und nach Belieben mit Himbeergeist verrühren.

8. Das Himbeermark auf die Creme geben, alles mit den beiseite gelegten Himbeeren und mit gewaschener Zitronenmelisse garnieren.

Tipp

So wird im Nu eine feine Torte daraus: Einen Krümelboden aus Zwieback und Butter (s. Karibik-Torte auf Seite 110) herstellen und fest werden lassen. Die Creme nach dem Unterheben der Sahne auf den Boden geben und gelieren lassen. Oder einen gekauften Biskuitboden auf eine Tortenplatte setzen, einen Tortenring darum befestigen. Die Creme einfüllen und fest werden lassen.

Zubereitung: 1 Std.

Gelierzeit: 12 Std.

Pro Portion ca.: 410 kcal

Für 8 Portionen
75 g geschälte gemahlene Mandeln
1 TL Kakaopulver
250 g Sahne
1/4 l Espresso oder starker Kaffee
1/4 l Milch
6 EL Zucker
150 g Rundkornreis
4 EL Mandel- oder Kaffeelikör nach Belieben
Außerdem:
150 g Amaretti
Puderzucker zum Bestäuben

Das lässt sich vorbereiten
Den Reis am Vortag zubereiten und über Nacht in den Kühlschrank stellen. Vor dem Einschichten gut durchrühren.

Muntermacher-Mandel-Reis

1. Die Mandeln mit Kakao, Sahne, Espresso oder Kaffee, Milch und dem Zucker in einem Topf unter Rühren aufkochen lassen.

2. Den Reis dazugeben und zugedeckt bei ganz schwacher Hitze in 40 Min. ausquellen lassen. Zwischendurch mehrmals umrühren, damit der Reis nicht anbrennt. Wenn der Reis zu trocken wird, etwas Wasser oder Milch nachgießen. Vom Herd nehmen, Likör nach Wunsch unterrühren. 2 Std. abkühlen und weiter ausquellen lassen.

3. Die Hälfte der Amaretti in eine Schüssel geben, den Reis darüber einschichten. Die restlichen Amaretti dekorativ darauf geben, alles mit Puderzucker bestäuben und zugedeckt 1 Std. durchziehen lassen.

🕐 Zubereitung: 1 Std.

🕐 Kühlzeit: 3 Std. | Pro Portion ca.: 375 kcal

Für 1 Kastenform von 30 cm Länge (10 Portionen)
Für das Beerengelee:
6 Blatt weiße Gelatine
500 g gemischte TK-Beeren
400 ml Kirsch- oder Johannisbeersaft
Für das Joghurtgelee:
6 Blatt weiße Gelatine
1 unbehandelte Zitrone
500 g Joghurt
100 g Sahne
4 EL Zucker

Das lässt sich vorbereiten
Die Terrine unbedingt am Vortag zubereiten.

Beeren-Joghurt-Terrine

1. Für das Beerengelee die Gelatine nach Packungsangabe in reichlich kaltem Wasser einweichen. Die Beeren mit dem Kirsch- oder Johannisbeersaft in einen breiten Topf geben und einmal aufkochen lassen. Vom Herd nehmen. Die Gelatine tropfnass darin auflösen. Etwas abkühlen lassen, dann in die Form umfüllen und im Kühlschrank 4 Std. gelieren lassen.

2. Wenn die Beerenmischung geliert ist, die Gelatine für das Joghurtgelee nach Packungsangabe in reichlich kaltem Wasser einweichen. Die Zitrone heiß abwaschen und abtrocknen, die Schale fein abreiben und den Saft auspressen.

3. Zitronensaft und -schale mit dem Joghurt, der Sahne und dem Zucker verrühren. Die Gelatine tropfnass in eine Tasse geben und im warmen Wasserbad oder in der Mikrowelle auflösen. Tropfenweise unter den Joghurt rühren. Auf das Beerengelee geben und im Kühlschrank 4 Std. gelieren lassen.

4. Zum Servieren die Kastenform für kurze Zeit in warmes Wasser stellen, dann vorsichtig die Terrine auf eine Servierplatte stürzen.

Tipp

Steht die Terrine in großer Wärme, je 8 statt 6 Gelatineblätter nehmen.

🕐 Zubereitung: 45 Min.

🕐 Gelierzeit: mind. 8 Std. | Pro Portion ca.: 125 kcal

Partys planen ohne Stress

Einfach organisieren und feiern

Zugegeben: Ohne ein Mindestmaß an Arbeit geht es nicht. Aber: bei richtiger Planung und guter Organisation lässt es sich immer und überall feiern. Viele Tipps und Ideen für entspannte Partys finden Sie hier: Die Mengen, damit die Gäste nicht hungrig nach Hause gehen. Der sinnvolle Aufbau eines Büffets. Die richtige Speisen-Kombination. Tricks zum Kühlen der Getränke. Und und und.

Nichts vergessen? Eine Checkliste am Ende des Buches soll Ihnen helfen, die Party ganz entspannt zusammen mit Ihren Gästen zu genießen.

Planung für gutes Gelingen

Feines Festessen oder pulsierende Party

Party oder Picknick, Grillabend oder Get-together, Festessen oder Fete? Die Möglichkeiten, mit Freunden und Familie zu feiern und zu genießen, sind so vielfältig wie die Anlässe. Geburtstag oder Einschulung, Osterbrunch oder Halloween, Fischmenü oder italienisches Dinner – was soll es beim nächsten Mal sein? Ein feines Menü am schön gedeckten Tisch? Ein Abend mit heißer Musik? Ein Sektempfang im Büro?

Die ersten Vorbereitungen

Wichtige Fragen vorweg:
➤ Was ist der Anlass?
➤ Soll es festlich oder eher ungezwungen zugehen?
➤ Wird im Garten oder im Haus gefeiert? Können Sie bei einer Gartenparty nach drinnen ausweichen, wenn es zu regnen beginnt?
➤ Wie viel Platz haben Sie? Das Platzangebot begrenzt die Zahl der Personen, die Sie einladen können. Beim Menü am gedeckten Tisch haben Sie außerdem andere Voraussetzungen als bei einer lockeren Stehparty. Am besten vorher »trocken« ausprobieren.

➤ Wann soll die Party steigen? Tagsüber, abends, um 18 oder um 20 Uhr?
➤ Haben Sie helfende Hände zur Verfügung? Greifen Sie zu!
➤ Können Sie die Gäste rechtzeitig einladen? Schriftlich oder mündlich – das liegt bei Ihnen. Auf Einladungskarten sollten neben dem Anlass natürlich Datum, Uhrzeit, Anschrift und auch die Telefonnummer notiert sein. Bitten Sie ausdrücklich um rechtzeitige (!) Nachricht, ob Ihre Gäste kommen können – nur so lässt sich planen.
➤ Welche Speisen und Getränke möchten Sie anbieten? Schreiben Sie Einkaufslisten und Zeitpläne.
➤ Wie können Sie einen passenden Rahmen schaffen? Denken Sie an Dekorationen und die Musikauswahl.

Menü oder Büffet?

Manchmal ist von vornherein ganz klar, was und wie Sie feiern möchten. Ein Festmahl im kleinen Kreis wird ganz sicher am Tisch serviert. Bei einer großen Party im Büro hingegen gibt's garantiert ein Büffet. Manchmal aber haben Sie auch die Qual der Wahl.
Menü: Hier genießen alle zusammen am Tisch, Sie servieren nacheinander die einzelnen Gänge.

Büffet: Das ist unkomplizierter und zwangloser. Außerdem können Sie natürlich weit mehr Personen einladen. Nicht jeder muss gleichzeitig am Tisch sitzen können. Sitzgelegenheiten (etwa auf dem Sofa, auf Hockern oder Klappstühlen) sollten jedoch in ausreichender Zahl vorhanden sein, und Tische zum Abstellen von Gläsern müssen gut erreichbar sein. Stellen Sie sehr empfindliche Dinge in die Schränke, räumen Sie eventuell ein wenig um, um mehr Platz zu schaffen.

Gläser, Geschirr & Besteck

Wie sieht's aus mit Tellern, Schüsseln und Gläsern, mit Messern, Gabeln und Löffeln? Ein kritischer Blick in Ihre Schränke zeigt, ob Sie genug von allem haben. Wenn nicht, können vielleicht Freunde aushelfen.
Andere Möglichkeit: ein Partyservice aus dem Branchenbuch. Dort können Sie alles mieten, was Sie für ein gelungenes Fest benötigen. Gläser (sowie Bierbänke und -tische) bekommt man oft auch vom Getränkemarkt.
Wer häufig feiert und Stauraum hat, kauft vielleicht schlichte Teller, simple Gläser und einfaches Besteck. Das lässt sich immer wieder verwenden.
Bitte beim Geschirr-Check nicht vergessen: Sie brauchen auch ausreichend Servier-Platten, -Teller und -Schüsseln. Fehlt Ihnen eine große Servierplatte? Einfach eine Glasplatte oder einen Spiegel nehmen. Oder ein Bachblech oder Brett mit einfarbiger Deko-Folie auskleiden.

Top Five

➤ **Motto:** Es erleichtert die Auswahl von Speisen und Dekoration. Feiern Sie Ostern auf griechische Art, ein Sommerfest wie einen Abend unter toskanischem Himmel, einen Geburtstag unter einem Farben-Motto.

➤ **Genaue Planung** – klingt vielleicht spießig, garantiert jedoch entspanntes Feiern.

➤ **Ausleihen,** was Sie nicht selbst in den Schränken und im Keller haben. Teller, Besteck, Gläser, Servierplatten, Tische, Stühle, Eis ...

➤ **Die Speisen:** Damit weder reichlich Reste noch knurrende Mägen bleiben, von den Lebensmitteln üppig kaufen und kochen, die sich gut halten oder einfrieren lassen. Frisches, das rasch schlapp macht, eher in kleineren Mengen bereit stellen.

➤ **Hilfe** annehmen oder erbitten. Verteilen Sie Aufgaben, lassen Sie sich beim Aufbauen und Dekorieren helfen oder Salate mitbringen, Musik zusammenstellen. Und: Laden Sie Gäste am folgenden Tag zum Resteessen und Aufräumen ein.

Ein gelungenes Büffet

Standort

Wählen Sie einen gut zugänglichen, nicht zu beengten Platz dafür, damit alles für jeden gut erreichbar ist. Bauen Sie das Büffet auf einem langen Tisch oder, noch besser, im Halbkreis auf. Ihre Gäste können am Tisch entlang gehen und sich nach und nach bedienen. Bitte keine Ecken als Standort auswählen – dort gibt es garantiert Gedrängel.

➤ **In der Küche?** Ist sie groß genug, eignet sie sich bestens als Standort. Kühlschrank, Mülleimer, Spüle und Geschirrspüler sind nicht weit – die Wege sind kurz. Weiterer Vorteil: Suppe oder Eintopf stehen auf der Kochplatte und bleiben problemlos heiß. Sonst wählen Sie ein anderes gut zugängliches Zimmer. Suppe oder Eintopf können dann dort auf einer Einzel-Elektroplatte stehen.

Der Aufbau

➤ **Mehrere Ebenen:** Damit das Büffet möglichst viel Platz bietet, ohne überladen zu wirken, können Sie die Speisen auf mehreren Ebenen arrangieren. Stellen Sie Konservendosen, umgedrehte Schüsseln, dicke Bücher oder Ziegelsteine auf den Tisch, bevor Sie diesen mit Tüchern eindecken.

➤ **Schutz für gute Tischtücher:** Eine dünne durchsichtige Folie darüber legen. Sie bekommen solche Folien für wenig Geld in jedem Baumarkt. Stabiler und mehrfach verwendbar sind dickere durchsichtige Folien aus Dekoabteilungen von Kaufhaus oder Möbelmarkt.

➤ **Speisenfolge:** Ganz links auf dem Büffet stehen Teller in ausreichender Zahl bereit. Von links nach rechts reihen sich Vorspeisen, Hauptgerichte und Süßspeisen aneinander, jeweils mit den passenden Beilagen, Saucen und Dips. Besteck und Servietten gehören stets an das Ende des Büffets.

➤ **Platz fürs Auge:** Brot und Butter werden möglichst zentral platziert.

Speisen wie Braten oder Pasteten, die erst am Büffet geschnitten werden, sollten ganz vorn stehen.
Bei der Bestückung des Büffets sollten Sie zwischen den einzelnen Speisen stets ausreichend Platz lassen, damit es nicht überladen wirkt.

Was nicht aufs Büffet kommt

➤ **Gläser und Getränke** möglichst an einem anderen Tisch bereitstellen. Ist's rund ums Büffet eher eng, können Gläser und Getränke auch in einem anderen Zimmer untergebracht werden.

➤ **Häppchen zum Aperitif:** Um Platz auf dem Büffet zu sparen, stellen Sie Platten mit bunten Häppchen verteilt in den Räumen Ihrer Wohnung bereit, in denen gefeiert wird. Die Häppchen werden zum Aperitif aus der Hand gegessen, sie stillen den ersten Hunger.

➤ **Nachschub** kann im Kühlschrank oder in einem kühlen Zimmer bereitstehen.

Niemand geht hungrig nach Hause

Besonderheiten verlangen besondere Planung – und dies gilt speziell für die Mengenplanung bei einer Party. Wer kennt nicht den Effekt, dass beim Grillen viel zu viel auf dem Rost liegt? Und die überbordenden Tische beim kalten Büffet, die die Wahl zur Qual machen? Natürlich soll niemand hungrig nach Hause gehen. Aber es ist auch schade drum, wenn große Mengen übrig bleiben. Sie möchten sicher nicht die nächsten Tage nur Reste essen oder vieles wegwerfen.

Die Auswahl der Gerichte

Ein Party-Büffet erfordert mehr Planung als ein gewöhnliches Essen. Folgendes muss bedacht werden:

➤ Zu welcher Tageszeit findet das Fest statt?

➤ Kommen die Gäste beim Brunch oder nach dem Bürotag hungrig bei Ihnen an?

➤ Soll es ein kurzer Stehempfang sein oder ein rauschendes Fest bis tief in die Nacht hinein? Klar: Je länger Sie mit Ihren Freunden feiern, desto öfter geht jeder zum Büffet – Hunger und Appetit kehren garantiert zurück.

Welche Speisen sollen auf dem Büffet stehen?

Generell gilt: Planen Sie ein Büffet ähnlich wie ein Menü, also mit Vorspeise, Hauptgericht und Dessert. Üblicherweise stehen jedoch auf einem Büffet von jedem »Menügang« mehrere Speisen bereit – die Auswahl ist größer. Vorschläge für verschiedene Büffets finden Sie auf Seite 138.

Was aber passt zusammen? Erlaubt ist, was gefällt. Für jeden Geschmack sollte allerdings etwas dabei sein – Fleisch und Fisch, Käse und Wurst, Gemüse und Früchte, Herzhaftes und Süßes, Heißes und Kaltes, Scharfes und Mildes. Ein paar allgemeine Richtlinien sind hilfreich bei der Speisenauswahl:

➤ **Unempfindlich:** An heißen Tagen lieber keine sehr empfindlichen Speisen zubereiten. Statt Gelee- und Cremespeisen lieber Kuchen als Dessert wählen.

➤ **Heiß:** Wer Suppen oder Eintöpfe anbieten will, muss das Büffet in der Küche um den Herd herum aufbauen oder Einzelkochplatten bzw. Rechauds zum Warmhalten besitzen.

➤ **Sie haben nur einen Ofen und nur einen Kühlschrank!** Deshalb nicht mehrere Speisen auswählen, die in den Backofen müssen und auch nicht zu viel, was dringend Kälte benötigt.

➤ **Brot** darf nie fehlen – verschiedene Sorten verführen zum Zugreifen.

➤ **Nachschub:** Ist ein kurzer Empfang

geplant oder eine heiße Nacht? Wer lange feiert, sollte für Nachschub zu später Stunde sorgen. Etwa eine reichhaltige Mitternachtssuppe anbieten oder auf dem Büffet Unempfindliches wie Salami, eingelegtes Gemüse, Dips und Brote stehen lassen, sonstige Reste in den Kühlschrank räumen.

➤ **Wie viel Platz bietet Ihr Büffet?** Lieber wenige feine Sachen so bereit stellen, dass jeder locker drankommt, als eine Vielzahl an Schüsseln, die kaum erreichbar sind.

So entsteht kein Stress – die Zeitplanung

Wie viel Zeit bleibt für die Zubereitung? Vor allem: Wann haben Sie dafür Zeit? Manches ist im Handumdrehen fertig, anderes verlangt mehr Arbeit. Machen Sie einen genauen Zeitplan, was Sie wann erledigen wollen und können. So vermeiden Sie Hektik.

➤ **Nichts aufschieben:** Erledigen Sie möglichst viel möglichst früh! Das schont Nerven! »Last minute« sollten nur noch wenige Handgriffe nötig sein.

➤ **Zubereitungszeit:** Bei all unseren Rezepten finden Sie Hinweise darauf, was sich im Voraus zubereiten lässt. Bekanntlich vergeht die Zeit meist rascher als erwartet.

Einiges lässt sich 1 oder 2 Tage im Voraus zubereiten, anderes beansprucht am Partytag viel Zeit. Planen Sie genau, damit kein Stress entsteht. Lieber nur eine Hand voll Köstlichkeiten in Ruhe zubereiten als den Gästen völlig entnervt ein Dutzend Kunstwerke zu präsentieren.

➤ **Schneller:** Gekauftes mit selbst Gekochtem kombinieren. Bestellen Sie beispielsweise einen fertigen Braten oder Fleischkäse beim Metzger, ergänzen Sie dies durch selbst gemachte Saucen, Salate und Desserts.

➤ **Alles bereit?** Sie sollten rechtzeitig, 1–2 Stunden vor Beginn der Party, fertig sein. Lediglich einige wenige Hand-

Party-Portionen planen

Sektempfang: pro Person 6–8 Häppchen, mindestens 4 verschiedene Sorten davon zur Auswahl anbieten.

Lange Stehparty: pro Person mindestens 12 Häppchen und 6–8 verschiedene Sorten bereithalten.

Üppiges Büffet: pro Person 150 g Brot, 1–2 Dips (pro Person 80–125 ml), 75–100 g Käse, 200 g Fleisch/Fisch, verschiedene Salate (bei Gemüsesalaten 200 g, bei Fleischsalaten 125 g, bei Kartoffelsalaten 250 g, bei Reissalaten 75 g, bei Nudelsalaten 100 g), 1 oder 2 Desserts.

griffe dürfen kurz vorm Eintreffen der Gäste noch nötig sein – schließlich wollen Sie doch Ihre Gäste entspannt begrüßen können.

Ein Muss für jedes Büffet

➤ **Brot:** Am besten besorgen Sie verschiedene Brot- und Bötchensorten. Einen Teil bereits in Scheiben schneiden, den Rest im Ganzen mit einem Brotmesser bereit stellen, z.B. auf einem Brett, so dass sich die Gäste bei Bedarf etwas abschneiden können. Verschiedene Baguettes stehend anrichten – jeder bricht sich bei Bedarf ein Stück ab.

➤ **Butter oder anderer Aufstrich:** Weiche Butter in kleine Förmchen umfüllen, Oberfläche mit einer Gabel dekorativ einkerben. Nach Belieben auch eine gewürzte Butter (s. Seite 70) oder einen passenden Dip bereitstellen.

➤ **Käse:** Eine Käseplatte anrichten (s. Seite 26) oder nur ein großes Stück von einer Sorte. Käsemesser nicht vergessen – jeder bedient sich nach Lust und Laune.

➤ **Frische Früchte:** Ein bunter Obstkorb, etwa mit kleinen gewaschenen Äpfeln, Birnen und Trauben gefüllt, verlockt zum Zugreifen. Und das Obst erfrischt zwischendurch.

Das Blitz-Büffet

Nur wenig Zeit? Spontaneität gefragt? Kein Problem! Kombinieren Sie Selbstgemachtes mit Gekauftem.

➤ **Schnell zusammengestellt:** Bereiten Sie 1 oder 2 Rezepte aus diesem Buch zu, wählen Sie dabei besonders schnelle Gerichte aus. (Zeitangaben finden Sie bei jedem Rezept.) Ergänzen Sie die Rezepte mit schnell arrangierten kalten Platten, auf denen Sie Käse, Aufschnitt, Braten oder Räucherfisch präsentieren. Blitz-Dekorationen sind etwa Kräuterblättchen, eingelegtes Gemüse, Kirschtomaten, Radieschen, Weintrauben oder Kiwis.

➤ **Brotkombinationen:** Verschiedene Brote vom Bäcker passen auf jedes Büffet – kombiniert mit raffinierten Butter- oder Frischkäsemischungen bekommen sie eine persönliche Note. Ideen gesucht? Rühren Sie Knoblauch, gehackte Kräuter, geröstete Pinienkerne, gehackte Oliven und Kapern, klein gehackte Garnelen, abgeriebene Zitronenschale, gehackte geröstete Mandeln oder Preiselbeeren aus dem Glas unter Butter oder Käsecreme.

➤ **Finger Food:** Auch das muss nicht aufwändig sein. Greifen Sie getrost auf Fertigprodukte zurück, die Vielfalt ist groß. Nehmen Sie Minibrötchen (gibt's auch im Supermarkt zum Aufbacken), Pumpernickeltaler, Baguettescheiben, in Dreiecke geschnittene Toastscheiben. Darauf einen schnell angerührten Dip steichen, hübsch garnieren, fertig. Rezepte für Dips finden Sie übrigens ab Seite 62.

Ein festliches Menü

Runder Geburtstag mit der Familie, Oster-Brunch mit Freunden – wählen Sie fürs Menü ein bestimmtes Thema – dann sind die Zusammenstellung der Speisen und die Tisch-Dekoration denkbar einfach. Ob Italien, Griechenland oder Österreich, Spargel, Fisch oder Nudeln – vieles kann im Mittelpunkt stehen und sich in mehreren Gängen ebenso wie auf dem Tisch als Dekoration wiederfinden. Schmücken Sie etwa für ein Fischmenü den Tisch mit Muscheln, Sand, (Fischer-)Netzen, blau-grüner Lackdecke, Servietten mit Meeresmotiven. Und: Bereits die Einladungskarte kann das Motto nennen oder auf hübsche Art symbolisieren – schneiden Sie beispielsweise einen Fisch aus farbigem Karton aus, oder verzieren Sie eine schlichte Karte mit einem passenden Serviettenmotiv.

Menü-Planung ganz einfach

➤ **Auswahl der Speisen:** Sie sollte dem Anlass angepasst sein. Sehr festliche Gelegenheiten verlangen nach raffinierteren Köstlichkeiten als ein lockerer Abend mit Freunden bei Bier oder Wein.

➤ Das Menü sollte **zur Jahreszeit** passen. Erdbeeren im Januar sind out – Orangen schmecken im Winter einfach besser.

➤ **Zeitplan:** Bedenken Sie gut, wie viel Zeit Sie für die Zubereitung des Menüs aufwenden möchten. Wichtig zudem: Wann haben Sie die Zeit zum Einkaufen und Kochen? Die Planung darauf abstimmen.

Schreiben Sie einen Zeitplan, was Sie wann einkaufen, vor- und zubereiten können. So kommt keine Hektik auf.

➤ **Einfach oder anspruchsvoll:** Beurteilen Sie Ihr Können. Die Gerichte sollen garantiert gelingen, ohne dass Sie zu sehr ins Schwitzen geraten. Neues lieber ein anderes Mal in Ruhe ausprobieren.

➤ **Vorbereitung:** Der größte Teil der Speisen sollte sich im Voraus zubereiten, zumindest aber weitgehend vorbereiten lassen. Schließlich wollen Sie gemeinsam mit den Gästen genießen und nicht allein in der Küche stehen.

➤ **Küchengeräte:** Denken Sie daran, dass Sie nur einen Backofen und nur 2, 4 oder vielleicht 5 Kochplatten haben. Wenn bereits ein Braten im Ofen schmort, kann nicht gleichzeitig ein Auflauf zubereitet werden.

➤ **Nerven schonen:** Rechtzeitig möglichst viel erledigen. Und planen Sie vor dem Eintreffen der Gäste noch Zeit für sich selber ein.

Menü-Mengen

Gibt's drei Gänge, können Sie sich an den im folgenden genannten Mengen orientieren. Planen Sie mehrere Menü-Gänge, können Sie die einzelnen Portionen ein wenig reduzieren.

Mengenangaben pro Person:
Suppe (als Vorspeise) 200 ml
Blattsalat (als Vorspeise oder Beilage) 50 g
Nudeln (als Beilage oder im Salat; roh gewogen) 60 g
Kartoffeln (als Beilage oder im Salat; roh gewogen) 200 g
Reis (als Beilage oder im Salat; roh gewogen) 50 g
Gemüse (als Beilage) 200–300 g
Fleisch/Fisch (als Hauptgericht) 150–200 g
Käse (als Zwischengang) 100 g
Brot (dazu) 75–100 g
Obstsalat (als Nachtisch) 200 g

Einen Menü-Gang zulegen?

Beim feinen Menü mit Gästen sollten Sie mindestens drei Gänge planen: Vorspeise, Hauptgericht und Dessert. Wer mehr bieten möchte, serviert mit Salat und Suppe zwei Vorspeisen, oder er schiebt nach dem Hautgericht einen Käse-Gang ein. Auch zwei Desserts sind heute nicht mehr ungewöhnlich – Sterneköche haben es vorgemacht. Damit das Menü perfekt abgerundet wird, sollten Sie anfangs Brot und Butter oder einen Dip bereit stellen und zum Schluss Kaffee oder Espresso und kleine Plätzchen anbieten, nach Belieben auch Grappa oder Obstbrand als Digestif.

Menü-Vorschläge
Menü A mit vier Gängen
Suppe, Salat, Hauptgericht (meist Fleisch oder Fisch), Dessert oder Käse

Menü B mit vier Gängen
Salat oder Suppe, Fisch, Fleisch, Dessert oder Käse

Menü A mit fünf Gängen
Suppe, Salat, eventuell mit warmer Zutat wie Fisch oder Geflügel, Hauptgericht, etwa Fleisch, Käse, Dessert

Menü B mit fünf Gängen
Suppe, Salat, Fisch oder Meeresfrüchte, Fleisch, Dessert

Menü A mit sechs Gängen
Leichte kalte Vorspeise, Suppe, Kleines warmes Zwischengericht, etwa mit Fisch, Hauptgericht, etwa mit Fleisch, Käse, Dessert

Menü B mit sechs Gängen
Leichte kalte Vorspeise, Kleine warme Vorspeise, etwa Fisch oder Meeresfrüchte, kalte Gemüsesuppe oder klare Brühe, Hauptgericht, etwa mit Fleisch, Käse, Dessert

Fest-Menüs zum Genießen

Als Anregung finden Sie hier Vorschläge, wie Sie mit Rezepten aus diesem Buch unterschiedliche Menüs zu verschiedenen Anlässen zusammenstellen können. Abwandlungen sind natürlich jederzeit möglich – kombinieren Sie nach Lust, Laune und Geschmack. Die Menüs sind jeweils für 8 Personen gedacht.

Mediterranes Menü mit 4 Gängen

Spanische Spinatsuppe (Seite 38)
Tomaten mit Rucolacreme (Seite 63)
Mittelmeer-Fischauflauf (Seite 90)
Italienische Apfel-Nuss-Torte
(Seite 120)

Festliches Menü mit 6 Gängen

Bunte Gemüse-Crostini (Seite 6)
Bärlauchsuppe (Seite 38)
Lachs mit Zitrussauce (Seite 90)
Rollbraten mit Kräuterfüllung
(Seite 104)
Käse
Cappuccino-Creme (Seite 112)

Schnelles, fruchtiges Menü mit 4 Gängen

Gurkensticks mit Apfeldressing
(Seite 74; evtl. wie in der Variante angerichtet)
Lachs mit Zitrussauce (Seite 90; evtl. aufs Marinieren verzichten)
Fleisch-Zucchini-Spieße (Seite 104; dazu Reis oder Kartoffeln)
Beerensalat mit Joghurtcreme
(Seite 108)

Deftiges Menü mit 5 Gängen

Kartoffel-Bier-Suppe (Seite 36)
Toskanischer Bohnensalat (Seite 76)
Zwiebelsteaks vom Blech (Seite 102; dazu frisches Brot)
Käse nach Wahl (Seite 26)
Geschichtete Zitronencreme mit Mandeldecke (Seite 112)

Asia-Menü mit 5 Gängen

Fruchtige Curry-Kaltschale (Seite 36)
Nudelsalat »Hongkong« (Seite 78)
Fruchtiges Fischcurry (Seite 89; dazu Reis)
Scharfe Kokos-Hähnchen-Schenkel
(Seite 94; dazu ebenfalls Reis)
Exotische Früchte wie Mango, Ananas, Lychees

Preiswertes Menü mit 6 Gängen

Gemüseschiffchen rot-grün (Seite 28; dazu Baguette)
Spaghettinester (Seite 52; mit Würfeln vom Lachsfilet statt Garnelen)
Kalte Avocadosuppe (Seite 42)
Rollbraten mit Kräuterfüllung (Seite 104; dazu Gemüse wie gebratene Zucchini sowie Spätzle oder kleine Kartoffeln)
Käse nach Wahl (Seite 26)
Muntermacher-Mandel-Reis
(Seite 124)

Eingedeckt

Auf jeden Platz kommt ein **Teller** für das Hauptgericht, darauf Suppenteller oder -tasse – es sei denn, Sie reichen die Suppe bereits eingeschöpft.
Besteck liegt entsprechend der Zahl der Gänge neben dem Teller, Gabeln links, Messer rechts und der Suppenlöffel ganz rechts oder über dem Teller. Und das so, wie sie während des Menüs benutzt werden: jeweils von außen nach innen. Dessertbesteck kommt oben über den Teller.
Gläser stehen oben rechts: je ein Wasser-, Weiß- und Rotweinglas. Extrawünsche werden separat erfüllt.

Die Getränke

Durstlöscher und Stimmungsmacher

Ebenso wie bei den Speisen bleibt natürlich die Auswahl der Getränke Ihrem Geschmack und dem Anlass überlassen.

Ein netter Willkommensgruß ist stets ein Glas Sekt oder ein leichter Cocktail – das stimmt wunderbar auf den Abend ein und lockert die Atmosphäre.

Ob Cocktails oder Bowle, Bier oder Wein – unverzichtbar ist stets eine ausreichende Menge an alkoholfreien Getränken. Mineralwasser, Säfte, Limo und Cola sollten bereitstehen – nicht jeder mag oder darf Alkohol trinken, und als erfrischender Durstlöscher zwischendurch ist ein kühles Glas Mineralwasser stets willkommen.

Getränke-Mengen

Besorgen Sie pro Person:

Aperitif/Sekt: höchstens 2 Gläser

Wein: 0,7–1 l

Bier (auch alkoholfreies):
3–4 Flaschen

Mineralwasser: 2 Flaschen

Säfte/Softdrinks: Das ist abhängig von der Temperaturen und den Gästen (Autofahrer und Frauen trinken erfahrungsgemäß mehr hiervon)

Kaffee: 2 Tassen, außerdem genug Milch oder Sahne dazu

Kaufen Sie lieber zu viel als zu wenig zu trinken ein. Geschlossene Flaschen halten sich lange und oft nimmt der Getränkemarkt übrige Flaschen wieder zurück.

Wein als Menü-Partner

Zum Menü am gedeckten Tisch passt meist Wein am besten. Feste Regeln für die Auswahl gibt es nicht mehr. Aber: Der Wein sollte sich nicht in den Vordergrund drängen, sondern die Aromen der Speisen unterstreichen. Ein trockener, leichter Weißwein harmoniert eigentlich immer und mit nahezu allem. Zu sehr herzhaftem Fleisch können Sie einen Roten entkorken, und zu Desserts passt edelsüßer Wein wunderbar.

Möchten Sie verschiedene Weine einschenken, gehört Weißwein vor Rotwein, ebenso wie leichte Speisen vor schweren serviert werden.

Kühle Getränke

Bei großen Festen stellt sich stets das Problem, die Getränke ausreichend zu kühlen. Kein Kühlschrank ist groß genug. Im Winter ist die Lösung denkbar einfach: Balkon, Keller, ein ungeheiztes Zimmer oder das Treppenhaus. Tipp für wärmere Monate: Stellen Sie die Flaschen in eine große Kunststoffwanne, die Sie eventuell zuvor mit farbiger Folie umwickelt haben. In die Wanne kommen reichlich Eiswürfel, kaltes Wasser und, um die Temperatur noch weiter zu senken, Salz. Eiswürfel können Sie beim Partyservice (Branchenbuch) kaufen, auch Brauereien, Gaststätten oder Fischhändler helfen manchmal aus.

Trendgetränke Cocktails und Bowlen

Feiern Sie eine Cocktailpartie mit bunten Drinks, dann mixen Sie nicht zu viel durcheinander – das sorgt lediglich für Kopfschmerzen am nächsten Tag. Auch bei einer Bowle ist weniger oft mehr. Geben Sie nicht zu viel und vor allem nicht zu viel verschiedenen Alkohol hinein.

Feurig: Tequila Sunrise
Pro Glas 6 cl Tequila, 1 cl Zitronensaft sowie 10 cl (etwa 100 ml) Orangensaft mit Eiswürfeln shaken und in ein Glas mit zerstoßenem Eis abseihen. 2 cm Grenadine darüber laufen lassen.

Nostalgisch: Erdbeerbowle
Für 8 Personen (16 Gläser) 1 kg kleine halbierte Erdbeeren in ein Bowlengefäß geben und mit 2 Flaschen trockenem Weißwein übergießen. 1 Std. ziehen lassen, zum Servieren mit 1 weiteren Flasche Wein sowie mit 2 Flaschen Sekt aufgießen.

Anregend: Bowle Tropical
Für 8 Personen 1 kleine Ananas, 3 Kiwis und 1 Mango mundgerecht würfeln, im Bowlengefäß mit 2 EL braunem Zucker, Saft von 2 Limetten, 50 ml Zuckerrohrschnaps und 1 Flasche Bitter Lemon verrühren. Zum Servieren mit je 2 Flaschen trockenem Weißwein und Sekt aufgießen.

Der absolute Renner: Caipirinha
Pro Glas 1–2 Limetten vierteln, mit
2 EL braunem Zucker in ein Glas
geben. Die Limetten mit einem Bar-
oder Mörserstößel zerdrücken. Das
Glas mit zerstoßenem Eis füllen, 5–6 cl
Cachaça (Zuckerrohrschnaps) darüber
gießen.

Fruchtig: Holunder-Cocktail
Pro Glas etwa 75 ml Holunderbeersaft
(gibt's im Reformhaus) mit 1/8 l Bir-
nensaft oder -nektar und etwas Orangensaft mixen. Eiswürfel oder zerstoßenes Eis in Gläser geben, Cocktail
darüber gießen.

**Klassisch und fruchtig: Planter's
Punch**
Je 2 cl weißen und braunen Rum mit
etwas Grenadine und Zitronensaft (je
etwa 1 cl) und je 3–4 cl Ananas-, Gra-
pefruit- und Orangensaft im Shaker
gut schütteln, in ein mit Eiswürfeln
gefülltes Glas gießen.

Belebend: Rosa Grapefruitdrink
Pro Glas den Saft von je 1 rosa Grape-
fruit und Orange sowie von 1/2 Zitrone mit 2 EL Ahornsirup, 1 EL Grenadine und einigen Tropfen Angostura
shaken, über zerstoßenes Eis geben.

Frisch & leicht
Drinks ohne Alkohol

Bereiten Sie einen großen Krug mit
alkoholfreien Drinks vor (bis auf den
Grapefruitdrink geht das mit den
Rezepten links), dann braucht sich
niemand mit Wasser zu langweilen.
Alkoholfreie Drinks sehen gut aus und
schmecken fantastisch. Jede gut ge-
führte Bar hat sie mittlerweile auf der
Karte – warum nicht auch Sie?

Fruchtiger Gurkencocktail
Pro Glas 100 g Gurke und 1 Kiwi
pürieren, mit geriebenem Ingwer, Salz
und Tabasco abschmecken, mit 100 ml
kaltem Mineralwasser aufgießen.

Himbeer-Schleier
Für 8 Gläser 500 g Himbeeren mit
125 g Puderzucker, Saft von 1 Zitrone
und je 500 ml Kefir und Buttermilch
kurz pürieren. Eiswürfel in Gläser
geben, Drink darüber gießen.

Karibik-Mix
Für 8 Gläser 1 große Ananas würfeln,
mit 300 g Joghurt, 200 g Sahne, etwas
geriebenem Ingwer und 4 EL Ahornsirup pürieren. In Gläser mit zerstoßenem Eis umgießen, mit Bitter Lemon
auffüllen.

Bowle ohne Alkohol
Für 8 Drinks ca. 800 g Obst mit dem
Saft in ein Bowlengefäß geben. 1/2 l
kalten Obstsaft oder Multivitaminnek-
tar (passend zum Obst) dazugießen
und 1 Std. abgedeckt in den Kühlschrank stellen. 0,7 l kaltes Mineralwasser dazugießen.

Pfefferminzdrink
Jedes Glas halb mit Eiswürfeln füllen.
1 cl Zitronensaft und 2 cl Pfefferminz-
sirup dazugeben und verrühren. Mit
kaltem Tonic Water auffüllen.

Passende Dekorationen

Die Speisen sollen natürlich auch hübsch präsentiert werden. Dabei gilt: Weniger ist mehr. Überladene Kunstwerke gehörten in die 60er Jahre und sind absolut out.

Farben und Pflanzen

➤ **Teller, Servietten** und den Untergrund von Tisch und Büffet möglichst schlicht wählen, damit die bunten Speisen bestens zur Geltung kommen. Ganz besonders gilt dies für die Vielfalt auf dem Büffet.

➤ Hübsche **Hingucker** auf Tisch und Büffet sind etwa einzelne Blüten in Wassergläsern, bunte Federn oder Glaskugeln. Im Deko-Handel finden Sie garantiert Passendes für Ihr Fest.

Schlicht und appetitlich

➤ Auch bei der **Garnierung der Speisen** ist Zurückhaltung angesagt. Mehrere bunte Häppchen sorgfältig auf einer Platte arrangiert, ist Deko genug. Etwas klein geschnittener Eisbergsalat (kein grüner Blattsalat, der wird zu schnell schlapp) am Rand der Platte reicht als zusätzliche Dekoration vollkommen. Kunstvoll geschnitzte Mäuse-Radieschen oder winzige Tomatenkörbchen sind überflüssig.

➤ Auch **Butter-Figuren** gelingen im Nu: kalte Butter in 1–2 cm dicke Scheiben schneiden, Formen daraus ausstechen und diese in eine Schüssel mit kaltem Wasser (einige Eiswürfel untermischen) legen.

➤ **Haltbar:** Büffets stehen oft viele Stunden bereit, und ebenso wie die Speisen müssen die Garnierungen diese Zeit auf appetitliche Weise überstehen. Gut eignet sich etwas Eisbergsalat – der macht nicht so schnell schlapp. Eingelegtes oder blanchiertes frisches Gemüse sorgt ebenso für Frische und Farbe wie Kiwis, Weintrauben, Orangen oder andere unempfindliche Früchte. Ungeeignet sind Äpfel, Birnen und auch die beliebten Avocados: Die werden an der Luft schnell braun.

Kleine Hilfsmittel

Kleine Hilfsmittel helfen bei der Herstellung von schlichten und doch sehr wirkungsvollen Dekorationen. In jedem Haushalt vorhanden und vielseitig sind zudem Ausstechförmchen von der Weihnachtsbäckerei. Damit lassen sich Käse und Wurst hübsch formen.

Mit einem **Spritzbeutel** lassen sich Füllungen und Cremes dekorativ und sauber anrichten. Verschieden Tüllen sorgen für unterschiedliche Muster.

Mit dem **Kugelausstecher** kann man gut formen oder aushöhlen. Die Kugeln sind attraktiv in Obstsalaten oder zum Dekorieren von kalten Platten.

Mit dem **Zestenreißer** (Juliennereißer) kann man Schalen von Zitrusfrüchten in gleichmäßigen Streifen abziehen. Gut für Drinks oder Desserts.

Blüten und Kerzen sorgen überall für eine schöne Stimmung. Bei wenig Platz auf dem Tisch kann beides in einer Glasschale schwimmen.

Haben Sie an alles gedacht?

Die Party-Planung läuft auf vollen Touren. Haben Sie auch an die folgenden Kleinigkeiten gedacht?

➤ Hilft zwischendurch jemand beim Abräumen von Gläsern und Tellern? Dann können Sie sich voll und ganz Ihren Gästen widmen. Vielleicht gibt's in Nachbarschaft oder Freundeskreis eine/n Jugendliche/n, der/die dankbar für etwas Taschengeld ist und gern aushilft. Auch beim Studentenservice finden Sie vielleicht einen guten Geist.

➤ Wohin mit schmutzigen Tellern, Gläsern und Besteck? Lassen Sie die Spüle frei, oder stellen Sie eine ausreichend große Kiste verdeckt unter einen Tisch beziehungsweise unter das Büffet.

➤ Denken Sie an Mülleimer in ausreichender Größe. Ein großer stabiler Pappkarton lässt sich prima unterm Büffet verstecken und ist doch schnell bereit, wenn's nötig wird. Mit Folie oder Plastiktüten auslegen, damit nichts durchnässt.

➤ Stehen genug Aschenbecher bereit?

➤ Haben Sie ausreichend Eiswürfel zum Kühlen von Cocktails? Rechtzeitig mit der Herstellung beginnen. Praktisch: spezielle Eiskugelbeutel aus Kunststoff (im Haushaltswarengeschäft).

➤ Reichen Platten, Schüsseln und Teller zum Anrichten der kulinarischen Genüsse? Liegen Messer, Gabeln und Löffel zum Zerteilen und Portionieren bereit?

➤ Können Sie die Getränke kühlen? Tipps finden Sie auf Seite 136.

➤ Kaffee zu später Stunde macht Gäste wieder munter. Kaffee- bzw. Espressopulver, Tassen, Löffel, Zucker, Milch bereithalten, eventuell auch kleine Plätzchen dazu.

Checkliste für perfekten Party-Spaß

✔ **Einladungen** verschickt und verteilt?
✔ **Nachbarn** informiert?
✔ **Speiseplan** für Menü bzw. Büffet gemacht?
✔ **Organisations-Plan** geschrieben? Wann ist was zu tun?
✔ **Einkaufsliste** geschrieben?
✔ **Geschirr-Check** machen. An Besteck (auch zum Servieren), Gläser, Servierplatten & Schüsseln denken.
✔ **Dekorationen** für Haus bzw. Garten besorgt?
✔ **Musik** ausgesucht?
✔ Sind **genug Stühle** und andere Sitzgelegenheiten da?
✔ **Getränke** bestellt oder besorgt?
✔ **Helfer** eingespannt?
✔ Ausreichend **Eiswürfel** hergestellt oder Eis bestellt?
✔ **Aschenbecher** bereitgestellt?
✔ An **Mülleimer** gedacht?
✔ Schild an der **WC-Tür** angebracht?
✔ **Gästehandtücher** im WC bereitgelegt?
✔ Platz für die **Garderobe** gefunden?
✔ **Kaffee** als Muntermacher im Haus?

Buffet-Vorschläge

**Preiswertes Büffet
für etwa 16 Personen**

Gefüllte Eier auf leichte Art (Seite 10)

Verschiedene Brot- und Brötchensorten

Fleischbällchen aus Ost und West
(Seite 96)

Überbackene Mini-Pilz-Brötchen
(Seite 20)

Knoblauch-Kräuter-Kartoffeln vom
Blech (Seite 14, doppelte Menge)

Zwiebel-Apfel-Kuchen (Seite 48)

Minestrone (Seite 40; doppelte Menge)

Debbies Frischkäse-Dip (Seite 64;
doppelte Menge)

Gurkensticks mit Apfeldressing
(Seite 74; doppelte Menge)

Zitrusfrucht-Tee-Gelee (Seite 109;
doppelte Menge)

Schokoladige Mini-Muffins (Seite 116)

**Weltreise-Büffet
für etwa 20 Personen**

Bunte Gemüse-Crostini (Seite 6;
doppelte Menge)

Tortilla-Häppchen (Seite 8; doppelte
Menge)

Knoblauch-Oliven-Dip (Seite 62;
doppelte Menge)

Ananas-Salsa (Seite 70; doppelte
Menge, dazu Nachos)

Chicken Wings »Tandoori« (Seite 8;
doppelte Menge)

Hähnchen-Wraps »Athen« (Seite 20;
doppelte Menge)

Spanische Spinatsuppe (Seite 38;
doppelte Menge)

Fleischpastete nach Tatarenart
(Seite 50)

Toskanischer Bohnensalat (Seite 74;
doppelte Menge)

Mariniertes Gemüse (Seite 80;
doppelte Menge)

Stifádo (Seite 98; doppelte Menge)

Verschiedene internationale Brot- und
Brötchensorten

Karibik-Torte mit Kokosboden (Seite 110)

Cappuccinocreme (Seite 112; doppelte
Menge)

**Schnelles kleines Büffet
für 8–10 Personen**

Räucherlachs-Nester (Seite 6)

Sandwich-Variationen (Seite 18)

Gemischte Käseplatte (Seite 26)

Verschiedene Brot- und Brötchensorten

Schnelle Tomatensuppe (Seite 44)

Basilikum-Dip (Seite 68; dazu Grissini)

Tunfisch vom Blech (Seite 89; dazu
Ciabatta)

Kiwi-Apfel-Kompott mit Vanillesahne
(Seite 108; Kühlzeit evtl. verkürzen)

Großes Büffet für 30–40 Personen

Gemischte Käseplatte (Seite 26; dreifache Menge)

Feine Schinkenplatte (Seite 28,
doppelte Menge)

Scharfes Puten-Chili (Seite 44; dreifache Menge)

Tomaten mit Rucolacreme (Seite 63;
dreifache Menge)

Tortilla-Häppchen (Seite 8; dreifache
Menge)

Verschiedene Brot- und Brötchensorten

Buntes Butter-Trio (Seite 70; dreifache
Menge)

Kartoffelcreme mit Oliven (Seite 72;
dreifache Menge)

Saftiges Kesselgulasch (Seite 98; dreifache Menge)

Birnensalat mit Schokoladenmousse
(Seite 118; dreifache Menge)

Großmutters Quittenkuchen
(Seite 120)

**Vegetarisches Büffet
für etwa 20 Personen**

Bunte Gemüse-Crostini (Seite 6)

Kirschtomaten mit Mozzarellacreme
(Seite 6)

Gemüseschiffchen rot-grün (Seite 28;
doppelte Menge)

Baguette mit Käsefüllung (Seite 30;
doppelte Menge)

Fruchtiger Hirse-Käse-Salat (Seite 63;
doppelte Menge)

Debbies Frisch-Käse-Dip (Seite 64;
doppelte Menge)

Paprika-Auberginen-Dip (Seite 66)

Roter Linsendip (Seite 68)

Gurkensticks mit Apfeldressing
(Seite 74)

Verschiedene Brot- und Brötchensorten

Butter

Schnelle Tomatensuppe (Seite 44;
doppelte Menge)

Beerensalat mit Joghurtcreme
(Seite 108; doppelte Menge)

Waffeltüten mit Zitronenfüllung
(Seite 116)

Sektfrühstück für etwa 12 Personen

Sandwich-Variationen (Seite 18)

Herzchen zum Naschen (Seite 22)

Gemischte Käseplatte (Seite 26)

Käse-Möhren-Canapès (Seite 32)

Kiwi-Canapés mit Walnusscreme
(Seite 32) aus Baguette

Filet-Häppchen mit Orangenkäse
(Seite 30)

Zwiebel-Apfel-Kuchen (Seite48)

Kiwi-Apfel-Kompott mit Vanillesahne
(Seite 108)

Schokoladige Mini-Muffins (Seite 116)

**Büffet für Teenager
für etwa 20 Personen**

Gefüllte Eier auf leichte Art (Seite 10)

Pizzataler zum Aussuchen (Seite 12)

Gurkentaler mit Lachs-Apfel-Tatar
(Seite 16)

Brötchen und Baguette mit Butter

Hähnchen-Wraps »Athen« (Seite 20)

Minestrone (Seite 40; doppelte Menge)

Mexikanische Tomatensalsa (Seite 62;
dreifache Menge) mit Nachos

Kartoffelsalat mit Radieschendressing
(Seite 74)

Tortellinisalat (Seite 78)

Karibik-Torte mit Kokosboden
(Seite 110)

Geschichtete Zitronencreme mit
Mandeldecke (Seite 112)

Damit Sie Rezepte mit bestimmten Zutaten noch schneller finden können, stehen in diesem Register zusätzlich auch beliebte Zutaten wie Ciabatta oder Paprikaschoten – ebenfalls geordnet und halbfett gedruckt – über den entsprechenden Rezepten.

Impressum

© 2004
GRÄFE UND UNZER VERLAG GmbH
München.

Programmleitung: Doris Birk
Redaktion: Birgit Rademacker
Lektorat: Adelheid Schmidt-Thomé
Umschlaggestaltung: Independent Medien Design
Fotografie: fotos mitgeschmack, Alling bei München
Produktion: Susanne Mühldorfer
Satz: Johannes Kojer, München
Reproduktion: Fotolito Longo, Bozen
Druck: Appl, Wemding
Bindung: Conzella, Pfarrkirchen

ISBN 3-7742-6341-8

Auflage	4.	3.	2.	1.
Jahr	2007	06	05	04

Angelika Ilies

Angelika Ilies arbeitet seit fast 15 Jahren als freie Autorin und Food-Journalistin und hat etliche erfolgreiche Kochbücher geschrieben. Familie, Freunde und Bekannte genießen immer wieder die leckeren Rezepte, die natürlich vor der Veröffentlichung ausgiebig probegekocht und getestet werden. Kritische »Test-Esser« sind im Haus der Autorin stets herzlich willkommen – bei der langen Sylvesterparty ebenso wie beim fröhlichen Frühstück im sommerlichen Garten oder dem feinen Menü im Rahmen einer tollen Koch-Runde.

Fotos mitgeschmack
Food Fotografie

Ulrike Schmid und Sabine Mader leben mit ihren Familien mitten im »Fünf Seen-Land« zwischen Starnberger See und Ammersee. Hier finden sie in ihrem Tageslicht-Studio die nötige Inspiration für ihre anspruchsvolle, gemeinsame Arbeit. Ihre große Liebe zu gutem Essen und stimmungsvollem Ambiente prägen das Wirken der beiden Fotografinnen. Und wenn es das Wetter und der Auftrag zulassen, fotografieren sie auch gerne unter freiem Himmel. Ihr herzliches Dankeschön gilt Julia Skowronek und Peter Greppmayr für die kreative Zusammenarbeit beim Foodstyling an diesem Buch.

Titelbild: Fleischbällchen von Seite 96 und Mariniertes Gemüse, Variante, Seite 80

Das Original mit Garantie

Ihre Meinung ist uns wichtig. Deshalb möchten wir Ihre Kritik, gerne aber auch Ihr Lob erfahren. Um als führender Ratgeberverlag für Sie noch besser zu werden. Darum: Schreiben Sie uns! leserservice@graefe-und-unzer.de Wir freuen uns auf Ihre Post und wünschen Ihnen viel Spaß mit Ihrem GU-Ratgeber.

Unsere Garantie: Sollte ein GU-Ratgeber einmal einen Fehler enthalten, schicken Sie uns das Buch mit einem kleinen Hinweis und der Quittung innerhalb von sechs Monaten nach dem Kauf zurück. Wir tauschen Ihnen den GU-Ratgeber gegen einen anderen zum gleichen oder ähnlichen Thema um.

Ihr GRÄFE UND UNZER VERLAG
Redaktion Kochen
Postfach 86 03 25
81630 München
Fax: 0 89/4 19 81 - 113

Ein Unternehmen der
GANSKE VERLAGSGRUPPE